Guía práctica de neoespañol

Ana Durante es el seudónimo de una editora de larga trayectoria y experiencia en el sector. Durante los últimos cuatro años ha estado recopilando la documentación que constituye la base de este libro. Las fuentes de esta documentación son muy diversas y variadas y en ellas están representadas sin excepción todas las instancias informativas y culturales españolas. La reciente reforma laboral hace aconsejable el uso del seudónimo.

Guía práctica de neoespañol

Enigmas y curiosidades del nuevo idioma

ANA DURANTE

El papel utilizado para la impresión de este libro ha sido fabricado a partir de madera procedente de bosques y plantaciones gestionadas con los más altos estándares ambientales, garantizando una explotación de los recursos sostenible con el medio ambiente y beneficiosa para las personas. Por este motivo, Greenpeace acredita que este libro cumple los requisitos ambientales y sociales necesarios para ser considerado un libro «amigo de los bosques». El proyecto «Libros amigos de los bosques» promueve la conservación y el uso sostenible de los bosques, en especial de los Bosques Primarios, los últimos bosques vírgenes del planeta.

Papel certificado por el Forest Stewardship Council®

Primera edición: octubre de 2015

© 2015, Ana Durante
© 2015, de la presente edición en castellano para todo el mundo:
Penguin Random House Grupo Editorial, S.A.U.
Travessera de Gràcia, 47-49. 08021 Barcelona

Printed in Spain – Impreso en España

ISBN: 978-84-9992-551-6
Depósito legal: B-18.800-2015

Compuesto en Anglofort, S. A.
Impreso en Cayfosa (Barcelona)

C925516

Penguin
Random House
Grupo Editorial

A ti y a mis hijos.
Por las risas, por el cariño y por el apoyo

Índice

PRIMERA PARTE
ESTRUCTURA BÁSICA

ÍNDICE

Nota previa

Los ejemplos que constituyen la base de este libro proceden de medios diversos, tanto hablados como escritos, pero en ningún caso de la comunicación privada entre personas, que, por supuesto, son libres de expresarse como quieran.

También se han dejado fuera los foros y blogs de internet, pues se consideran a todos los efectos conversaciones entre particulares, con la única diferencia del alcance planetario de las mismas y el número de participantes.

Sí se han incluido en cambio diarios y revistas digitales o webs oficiales de organismos culturales.

A lo largo de mi vida como lectora de libros, diarios y revistas en cualquier soporte, así como espectadora y oyente de cine, radio, teatro y televisión, en su momento alumna de escuelas y universidades y persona que circula por las calles de su ciudad y se relaciona con sus semejantes y con sus opuestos, estos ejemplos me han llegado a cientos.

Todo el contenido de esta guía está debidamente documentado, pero para no avergonzar en exceso a personas, algunas muy conocidas y otras menos, pero que en todo caso llevan a cabo un trabajo público, ya sea en medios de comunicación y audiovisuales en general o bien en el sector de la edición, tanto de libros como de diarios y revistas, o también en el de la enseñanza, he optado por no señalar a nadie en particular.

Así pues, no citaré fuentes ni nombres, porque no está en mi ánimo perjudicar a ningún trabajador, desempeñe la labor que desempeñe, que pudiera ser identificado por sus pifias verbales o escritas, pero tengan por seguro que en absolutamente todos los casos las frases recogidas son reales.

Esta autora bajo ninguna circunstancia tendría imaginación suficiente como para inventar algo ni remotamente parecido.

Introducción

Si han oído decir a un locutor de noticias que a una persona recién llegada del exilio su país «lo recibió con las manos abiertas» —no refiriéndose a que nada más llegar sus conciudadanos ya le pidiesen cosas—, en vez de que «lo acogieron con los brazos abiertos», o sea, con cariño, o a cualquier político de cualquier partido que el hecho de haber aprobado una determinada resolución «hace indicar que todo va a salir bien» —en una barroquización innecesaria del verbo «indicar», que hasta ahora no necesitaba auxiliares—, o bien han leído, por ejemplo en la traducción de una novela negra americana de gran éxito, que cuenta incluso con versión cinematográfica, que un hombre al que se cree autor de un crimen y está bajo sospecha y vigilancia va a visitar a su hermana y piensa por el camino «Tenía que descomprimirme, ella no podía verme tan nervioso», u oyen a una locutora de la sección de deportes de unas noticias de ámbito nacional decir que tal ciclista «se conoce la etapa como anillo al dedo» es que han vivido su Primer Encuentro con el idioma neoespañol, el primer contacto entre dos culturas, como sucedió con la de los nativos americanos y la de los españoles cuando éstos pusieron un pie en su tierra.

En mi caso, la primera vez que me di cuenta de que estaba oyendo una lengua que difería tanto en forma como en contenido de la que habíamos aprendido como castellano y habíamos estado hablando hasta entonces, fue ante un —en aquel momento todavía sorprendente y ni de lejos tan normalizado como ahora— «¿Se me escucha?», con el que la mujer que hacía esa pregunta en una televisión quería saber si se la oía, si el sonido de su voz llegaba a sus interlocutores, no si éstos le prestaban atención, claro. Pero como la frase había sido pronunciada por una presentadora ampliamente conocida por su ufana ignorancia, no hice demasiado caso.

Sin embargo, cuando al poco, al leer un libro publicado por un importante grupo editorial, vi que un niño «abría la boca hacia atrás» al llevarse una sorpresa, me quedé tan boquiabierta como él, si es que esa expresión quería decir eso, lo mismo que cuando, en una ojeada casual a una revista de cine de considerable tirada, fui informada de que un famoso director había salido «hecho un obelisco» en pos de un guionista con el que estaba disgustado.

Ese fue el momento en que me empecé a preguntar en serio qué pasaba, y como si al tomar conciencia del hecho hubiese abierto la veda, a partir de entonces percibí por doquier el torrente que nos arrollaba, o más bien el océano en el que estábamos sumergidos, la metáfora que prefieran, aunque creo que las dos reflejan bastante la situación.

Pero ¿qué es eso de neoespañol?*, se preguntarán.

---

* Lo llamo «neoespañol» porque es un español nuevo, pero a veces también me referiré a él como «español aproximado» o «aproximado» a secas. Para no repetir tantas veces «neoespañol» y también por su cualidad intrínseca y esencial de tanteo y aproximación respecto a la lengua de la que procede.

Pues para contestar sucinta y rápidamente: una forma de comunicación que está sustituyendo al español* a marchas forzadas.

Bueno, ¿y qué?, se puede objetar. También el latín y el griego clásico desaparecieron y dieron lugar a otras lenguas vigentes en la actualidad.

Eso es verdad, pero la diferencia entre ambos fenómenos lingüísticos radica en una variable determinante: la *velocidad* a la que sucedió una cosa y a la que está sucediendo la otra.

El español no está perdiendo una conjugación aquí mientras le brota un vocablo allá, no está muriendo lenta y estéticamente como una Dama de las Camelias filológica, abonando poco a poco con sus restos nuevas floraciones —como lo fueron por ejemplo las lenguas romances—, sino que lo hace de un infarto masivo y fulminante, dejando en su lugar un mejunje en ocasiones comprensible mediante el mecanismo de traducción interna e intrínseca al ser humano, pero las más de las veces desconcertante: un fenómeno de implosión del lenguaje nunca antes visto en nuestra historia, al menos no en la historia documentada.

Pero esto no es grave, se podrá seguir objetando si se insiste en el optimismo, lo importante es entenderse, ¿no? ¿Qué más da si lo hacemos con palabras, con silbos, como los pastores canarios, en morse o bien con telepatía?

Así es, qué más da mientras todos compartamos el mismo

---

* Utilizo «español» siguiendo la convención vigente en nuestro país de tomar la parte por el todo, aunque en realidad se trate sólo de castellano, dado que en el territorio del Estado se hablan también otras lenguas igualmente españolas según la Constitución.

código y comprendamos el mensaje. Y de seguir la deriva actual, es más que probable que, en efecto, en el transcurso de poco tiempo acabemos viviendo en un país donde nos comuniquemos con gestos, sonidos inarticulados o tal vez gritos o aullidos. Pero lo verdaderamente preocupante, y que quizá sí debería causarnos un poco de inquietud, es el período de transición, es decir, el actual.

Porque el neoespañol viaja rápido, pero lo hace a un ritmo que lo es todo menos común. Y mientras ahora mismo ya hay muchísima gente que lo domina a la perfección, otros no comprenden, o comprendemos, casi nada de lo que esas personas dicen o nos dicen.

Es verdad que existe ya una gran cantidad de periodistas, redactores, locutores de radio y televisión, traductores de libros y también de artículos extranjeros en diarios y revistas, guionistas, traductores para doblaje de series, teatro y películas, escritores de todo tipo, profesores de universidad y maestros de escuelas e institutos, políticos y muchas otras personas que en general se valen de la lengua española para trabajar y que en cierto modo son profesionales de la misma y la han estudiado específicamente (o, en todo caso, alguna carrera superior han estudiado) que son auténticos expertos en el nuevo idioma, y, mediante su trabajo, se esfuerzan seriamente, con tesón y constancia diarios, por hacer llegar esta lengua a la totalidad de la población.

Pero pese a este notorio empeño, y aunque el neoespañol está demostrando ser un vehículo de expresión que se asimila con facilidad, sobre todo por contagio auditivo, no es suficiente, porque, como se ha apuntado más arriba, no todos avanzamos al mismo ritmo, ni mucho menos lo hacemos de manera homogénea.

Por otra parte, añadido al factor de la *velocidad* está el de la *cantidad*. Dada la rápida proliferación del neoespañol, no hay tiempo para aprender, como cuando se es pequeño y se va al colegio, primero la conjugación de un verbo, luego la de otro, a continuación los pronombres, etc. Porque en este caso nos viene todo de golpe, debemos sustituir la totalidad del corpus lingüístico del que disponemos y que hasta este momento ha sido el nuestro, mediante el que pensábamos y nos expresábamos, por otro nuevo que llega en avalancha y que posee bases innnovadoras a la vez que móviles.

Y si creen que exagero, vean una relación de hechos que ilustra ambos factores (velocidad y cantidad), obtenida de la vida misma, sin añadir una coma de mi cosecha ni hacer trampa juntando cosas de varios días.

Una persona pone la radio o la televisión por la mañana para ver o escuchar las noticias, mientras se ducha y arregla para ir al trabajo. Están informando sobre el pleno del Congreso que tuvo lugar el día anterior y en el que se aprobó una ley a la que algunos grupos se oponían. Se le pide opinión a uno de los portavoces de esos grupos: «Acepto el resultado, pero no lo comparto», dice el hombre.

Al oyente, si es de cultura media y lengua castellana —o de cualquier otra lengua hablada en el Estado español, conocedor cabal por tanto del castellano—, y todavía no demasiado ducho en neoespañol, algo le chirría.

El verbo «compartir» es lo que le ha llamado la atención.

Usado en lugar de, por ejemplo: «Acepto el resultado, pero no estoy de acuerdo con el mismo».

Es verdad que «compartir» se ha convertido ya en un verbo comodín y que no es infrecuente oír la mencionada frase del político en muchos más ámbitos públicos (les recuerdo que, como se dice en la Nota previa, el privado o particular aquí no se tiene en cuenta ni se recoge). Y asimismo se usa para sustituir, además de a «estar de acuerdo», a «decir», a «contar» o a «explicar».

«El corazón le decía que debía compartir con él lo que le había pasado.»

«Nuestro entrevistado de hoy, el profesor de Economía señor Tal, va a compartir con nosotros lo que piensa sobre los recortes.»

«Comparte con ellos lo que te ha pasado», se anima a menudo a alguien en series y películas dobladas, o en programas de entrevistas en radio y televisión.

Pero la información radiada o televisada del que se está arreglando para ir al trabajo sigue adelante.

Ahora, el presidente del gobierno habla sobre la tenue recuperación que parece vislumbrarse en la economía.

«Estamos muy contentos por estos indicios, no es todavía como para tirar las campanas al vuelo, pero es un comienzo.»

En castellano se «echan las campanas al vuelo» —no se «tiran»— para celebrar algo. Y aunque en muchos contextos «tirar» y «echar» sean sinónimos, la utilización, y los muchos siglos de manejar el propio idioma, van indicándole al usuario del mismo cuál es el verbo de entre los semejantes que tiene el matiz adecuado para la frase que pretende formular.

En el ejemplo mencionado es como si ese presidente de gobierno no dispusiera de ese bagaje, con lo que, para el castellanohablante, transmite en primera instancia un absurdo, después rectificado por la intratraducción y descartado precisamente por su falta de sentido, y es el de que «el vuelo» es un lugar donde se pueden tirar campanas o lo que sea.

Aunque el verbo «tirar» va haciendo fortuna, curiosamente muchas veces vinculado al mismo presidente del gobierno.

«El líder de la oposición le ha tirado a la cara al presidente del gobierno el mensaje que lanzó ayer en el Congreso.»

En este caso hay el mismo deslizamiento, desde la perspectiva del español, entre «echar» y «tirar», aunque quizá un poco más grave. Porque no es lo mismo «echarle a alguien algo en cara», que significa afeárselo o usarlo contra él, que «tirárselo a la cara», que supone una acción física de la que podría resultar algún lesionado.

Siguen las noticias.

En la ciudad de Madrid ha habido un accidente en el que por desgracia ha muerto un motorista. El locutor lo explica:

19

«Acudieron los equipos del Samur, pero las heridas del joven eran incompatibles con la vida y no se pudo hacer nada para salvarlo».

Y da paso a un médico del Samur, en teoría para que amplíe la noticia: «Las heridas que presentaba eran incompatibles con la vida y no se pudo hacer nada para salvarlo», dice el médico.

El oyente, que lamenta la mala suerte del pobre motorista muerto y de su familia, repara sólo inconscientemente en la cursilería que le acaban de decir por partida doble para formular algo tan simple como que las heridas eran mortales. Pero la información sigue y pasa a la sección de Internacional.

Ha habido un escándalo financiero que afecta a un organismo de gobierno comunitario, y el corresponsal enviado, tras explicar en qué consiste el asunto, añade:

«Sin duda, van a saltar cabezas».

«Un momento —se dice, el ahora más alerta telespectador u oyente—, ¿saltar cabezas? ¿Como si fueran tapones de champán? ¿Cómo era la expresión? —se pregunta—. ¿"Van a tirar cabezas"? No. ¿"Van a cortar cabezas"? Sí, pero sobre todo, "Van a rodar cabezas".»

Sin embargo, no le da tiempo a elucubrar más, porque empiezan los Deportes y le interesan los resultados de los partidos de futbol del día anterior.

«En la jornada adelantada de ayer, los resultados fueron estos y estos otros. La nota desafortunada la puso el delantero Tal, que se lesionó el bíceps femoral de su pierna izquierda y tuvo que abandonar el terreno de juego en camilla. Se disputó también el partido Cual, con un gran gol del jugador Mengano, que chutó con su pierna derecha entrando la pelota en la red.

»El partido de los Pascuales sin embargo acabó sin goles, con poca consistencia de juego. Toda la defensa hizo aguas delante de su portería y en general dio una pobre imagen en este comienzo de temporada.

»Y nos llega una noticia de última hora. El piloto Fulanito ha sufrido un desvanecimiento al golpearse con su sien derecha y ha sido trasladado en helicóptero al hospital.»

Dejando aparte el ya habitual abuso del innecesario posesivo, dado que nadie puede hacer nada con su cuerpo si no es a través de algún miembro que le pertenece —no puede chutar con la pierna del compañero, pongamos por caso, por lo que se entiende perfectamente que si chuta con una pierna va a ser siempre con la suya (aunque nunca, en ningún caso, bajo ningún concepto, nadie se puede golpear con su propia sien)—, llama, y mucho, la atención eso de «hacer aguas» en público y colectivamente.

Un barco «hace agua», es decir, zozobra y se va a pique cuando el agua entra en el interior de su casco por la vía que sea. En sentido figurado se podría aplicar a algo que asimismo se hunde o falla, como puede ser una relación de pareja o, en este caso de las noticias, el trabajo de los defensores de un equipo ante su portería.

Pero «hacer aguas», en plural, significa en cambio «orinar», «hacer pipí». Es ya una expresión un poco antigua, que, sin embargo, todavía se puede ver en carteles en las calles de algunos pueblos o ciudades pequeñas, o no tan pequeñas, para advertir que está prohibido «hacer aguas mayores o menores so pena de multa».

Aunque en la proliferación y confusión entre «hacer agua», en el sentido de «hundimiento» o «fracaso», y «hacer aguas» tenga mucha responsabilidad la Real Academia Española y sus hamletianas vacilaciones (ahora lo incluyo, ahora no lo incluyo).

Y por fin dan la información meteorológica y terminan las noticias.

El oyente, y ahora telespectador, que está acabando de tomarse un café, cambia de cadena y ve el anuncio de una película para esa noche, la primera parte de una exitosa trilogía:

«Véala por primera vez en televisión en versión extendida, con el metraje completo y comentarios del director».

Lo de «extendida» por «ampliada» o «versión completa» es un anglicismo que, como muchos otros, ha llegado al español al parecer con ánimo de permanencia —seguramente introducido en origen por algún mal traductor—. En este sentido no podría considerarse genuino neoespañol, pero lo que sí cabe destacar aquí es que en este último idioma estos calcos siempre están presentes.

Durante el trayecto en autobús hacia el trabajo, el mismo personaje va leyendo el diario y su vista cae sobre la sección de Gente y cotilleos, donde se habla de una famosa pareja de actores que, tras varios años de convivencia y numerosos hijos, tanto propios como adoptados, «por fin se han dado el "sí quiero"».

En español, el «sí quiero» no se lo habrían podido dar, en todo caso se habrían dado el «sí», aunque luego, ante el oficiante de la boda, hubiesen recurrido a la tradicional fórmula «Sí, quiero», en respuesta a la pregunta de si aceptaban contraer matrimonio con su pareja allí presente.

Pasa a otras secciones del periódico, un periódico de ámbito estatal, que ha comprado con su dinero, no un diario gratuito que le han dado en la esquina. Se supone por tanto que es un diario hecho por profesionales, con un redactor jefe que ejerce cierto control y supervisión de los textos y un director que procura que cada pieza encaje en el todo como debe hacerlo.

Quiero decir que es un diario que, como muchos otros no gratuitos, cobra de sus anunciantes, de sus compradores y de sus suscriptores, y por tanto se supone que no ha despedido a casi toda su plantilla de profesionales y en realidad lo están sacando adelante sólo becarios.

En lo que le da tiempo a leer, el editorial y algunas breves noticias, ve que en las de Espectáculos se informa que va a actuar en España un veterano grupo de rock que lleva años sin venir, y que sus seguidores han perdido «literalmente la cabeza» con la noticia.

Sin embargo, «literalmente» quiere decir «conforme a la letra», «en sentido textual», por lo que esos seguidores sólo podrían perder la cabeza de ese modo si los decapitaran.

Pero en la nueva lengua el uso de ese adverbio se ha desvinculado de su significado y se usa de forma errónea para enfatizar algo. Como por ejemplo en:

«Después del maratón estaban literalmente muertos».

«Literalmente me rompiste el corazón.»

Y lee también el artículo de un cronista político que dice que «la vicepresidenta vanaglorió a los catalanes». Pero «vanagloriar», o «vanagloriarse» más bien, es un verbo que sólo se puede usar referido a uno mismo, dado que significa «jactarse del propio valer u obrar». Es decir, que la vicepresidenta se podría haber vanagloriado de algo que hubiese hecho ella, pero no puede vanagloriar a nadie.

Seguramente, el cronista quería decir que había «elogiado» o «alabado» o «jaleado», o un verbo similar, a los catalanes.

Estos ejemplos, como he dicho al principio, provienen de la realidad y se han recogido durante el mismo período de tiempo del relato, apenas un par de horas matutinas en la jornada de una persona cualquiera. De alguien que, por otra parte, aún no ha visto, oído o leído más noticias que las de la mañana, todavía no ha ido al teatro o al cine, si es el caso, o mirado en la tele ninguna película o serie dobladas o de producción propia, ni leído ningún libro, auténticos manuales prácticos del idioma aproximado, sobre todo las novelas, tanto de autores nacionales como las traducidas, de cualquier editorial española; aunque, en honor a la verdad, unas más que otras.

Esto demuestra la casi omnipresencia de la nueva lengua en nuestro entorno, una lengua que va cobrando entidad y asentándose y multiplicándose en progresión geométrica cada hora que pasa, devorando implacablemente al español. Y esta no es una descripción catastrofista, sino objetiva y neutra, al menos en el ánimo de esta autora. Porque, así como hace un tiempo, al cabo del día quizá se oía o leía algún ejemplo, ahora es un hecho que la inundación es casi absoluta.

Pero además de la *velocidad* y la *cantidad*, el neoespañol cuenta con otros dos elementos que lo definen, y que son la *transversalidad* y la *universalidad*.

La asimilación del nuevo idioma no está condicionada —ni para favorecerla ni para limitarla— por la pertenencia a una u otra clase social, o por la formación de que se disponga, ni tampoco prospera más en unos ámbitos que en otros, sino que lo hace en todos por igual.

Hay expertos en español aproximado entre todo tipo de personas y en todas partes, lo cual es una buena noticia para el estudioso que comienza, porque indica lo fácil que resulta progresar.

Hasta ahora, el lenguaje hablado en cada país —aparte de modelar el pensamiento y ser a la vez el vehículo de expresión del mismo—, según se usara de una u otra forma permitía identificar, tan claramente como el saludo de la masonería, a los iguales. Creaba compartimentos estancos de personas que se reconocían entre ellas como semejantes. Por la mera manera de hablar, uno sabía si el que tenía delante era seguidor de una particular ideología o de un determinado equipo de futbol, miembro de un estrato social o incluso si ejercía una profesión determinada o procedía de una u otra zona del país.

Pero la ventaja con el neoespañol es que hace tabla rasa y todo el mundo parte de cero. A través del mismo todos uniformamos nuestra habla, lo que elimina las diferencias.

Ya no hay sabios ni ignorantes.

Desde el punto de vista del español, se podría decir que pronto todos seremos ignorantes, pero desde la perspectiva del aproximado, lo que hasta ahora se consideraba ignorancia es en realidad haber dado un gran paso liberador, abandonar el corsé y las limitaciones de la antigua lengua y alcanzar cotas antes nunca vistas. Como por ejemplo que el pensamiento vaya por un lado y el lenguaje por otro, o que no haya siquiera pensamiento que sustente las palabras. También que éstas expresen sin cortapisas lo que quieran, no necesariamente el concepto que definían con anterioridad, que los verbos sean intercambiables incluso por sus opuestos, que las conjugaciones pasen a la historia, que podamos inventar nuestro propio vocabulario...

En fin, como ven, todo un amplio abanico de posibilidades.

Entonces, si posee tantas virtudes, ¿por qué considerar negativa la aparición de esta nueva lengua?, quizá se pregunten algunos de ustedes.

La respuesta es que no se considera algo negativo. Ni tampoco positivo. Aquí sólo se pretende dejar constancia, levantar acta si se quiere, de su existencia.

Es verdad que el hecho de que no dominemos todos por igual el neoespañol puede llevar a la incomunicación. O que, al perder de manera tan acelerada el idioma que en nuestro país ha sido hasta ahora uno de los medios de expresión de la literatura, de la historia y de la ciencia, pueda llegar un momento en que no seamos capaces de comprender textos escritos hace apenas setenta u ochenta años, o quizá menos, por no hablar de los de siglos precedentes. O bien que nuestro pensamiento, articulado y conformado por el habla, se diluya junto con ésta cada vez más, hasta convertirse en una mezcla desagregada en la que floten ideas sin sentido o sin vehículo lingüístico que les permita ser expresadas.

Pero estos dos últimos aspectos son más bien asunto de enseñantes y de neuróbiólogos respectivamente.

A lo que aquí vamos a dedicarnos es a afrontar la primera de las consecuencias del neoespañol, es decir, la incomunicación que podría sobrevenirle a nuestra sociedad por no conocerlo todos lo suficiente.

Con esta guía que ahora se presenta, lo que se pretende es poner a su alcance un sistema fácil para comprender las bases del nuevo idioma, así como unos primeros rudimentos del mismo, para que, en la medida de lo posible, vayamos ajustando colectivamente el paso durante el período de transición.

Éste, que sin duda será muy corto, se prolongará hasta que todo el país en pleno hayamos hecho el trasvase lingüístico y adoptado el español aproximado como medio de expresión único, o por lo menos como lengua franca.

El libro consta de dos partes: la dedicada a la estructura gramatical básica de la lengua y una segunda —«Enigmas y curiosidades»— donde se recogen peculiaridades del neoespañol que van más allá de su composición interna.

Al final de cada capítulo, cuando su contenido así lo permite, se incluyen unos ejercicios para que el lector pueda ir haciendo prácticas y comprobando sus progresos.

Como se ha dicho en la Nota previa, esos ejercicios, lo mismo que todos los demás ejemplos incluidos en el libro —y por difícil que a veces resulte de creer— están sacados de la realidad. De todos los medios culturales e informativos que ya se han mencionado.

En el texto encontrarán amplias explicaciones en español para que, en un primer momento, como si de unas útiles ruedecillas de bicicleta se tratase, puedan apoyarse en ellas para avanzar, hasta que se atrevan a lanzarse sin miedo por sí solos y sin ayuda.

Y si al final de lo estudiado no se ven capaces de hablar o escribir en esta nueva lengua, sí les garantizo que todo ello les servirá al menos para comprenderla un poco mejor.

UN ÚLTIMO APUNTE QUE HAY QUE TENER EN CUENTA ANTES DE EMPEZAR

El español aproximado posee una llamativa característica que es importante tener muy presente, tanto para acelerar el aprendizaje como para evitar situaciones embarazosas, y es que los neohablantes y difusores de este idioma carecen por completo de conciencia del ridículo, así como de sentido del humor.

No ven en absoluto que determinadas formulaciones de su lengua son extremadamente cómicas o incluso grotescas —encontrarán abundantes ejemplos a lo largo de toda esta guía—. Cómicas o grotescas vistas con una mentalidad todavía no neoespañola, como es natural.

ESTRUCTURA BÁSICA

Los límites de mi lenguaje son los límites de mi mente.

LUDWIG WITTGENSTEIN

1

Verbos
Trueque, intercambio y permuta

Esta parte se podría solventar rápidamente, sin faltar a la verdad, con un simple: en neoespañol cualquier verbo vale. Y quedaría completado con la apostilla: cualquier verbo, siempre y cuando no sea el que le correspondería en español, ni tampoco en la conjugación que sería la adecuada según la gramática de esta lengua.

Incluso se podría añadir que lo que se utilice para sustituir al verbo no tiene por qué ser necesariamente otro verbo, también puede valer un adjetivo, un adverbio, nada...

Se irá viendo más claro con el avance del capítulo.

Soy consciente de que en estos primeros estadios una guía debería ser capaz de darles unas mínimas pautas para construir las frases, pero tras años de estudio, debo reconocer que no he logrado averiguar cuáles son.

Todavía desconozco el motivo de que se elija una palabra para expresar la acción y no otra, cuál es el criterio, si es que hay alguno.

Así pues, para intentar conseguir los objetivos pese a esta

carencia, usaré el método, muy popular en China, de la tecnología inversa.

A partir del neoespañol ya existente, trataré de identificar algunas de las piezas verbales que lo componen, para ir reconstruyéndolo de la desembocadura hacia la fuente, por así decir.

Para ello, partiré de la base de que la sustitución siempre es de un verbo por otro y dejaré de momento de lado los casos en que ésta se realiza por una partícula lingüística cualquiera no relacionada con el verbo.

En muchas ocasiones, el sustituto se escoge en función de la *fonética*, es decir, que se opta por un verbo que suena más o menos parecido a los que existen en español, como:

«Esa camisa le profería un aire chulesco».

«Proferir» reemplaza aquí a «conferir», que significa «otorgar, atribuir, dar». En el contexto de la frase, no demasiado literario, quizá el más adecuado sería «dar». «Esa camisa le daba un aire chulesco.»

Otro par de ejemplos:

«Abrió la boca para decir algo, pero subsistió de hacerlo».

Por «desistió».

«Le infirió malos tratos.»

Por «infligió», o sea «causó».

«Infligir» es un verbo que a su vez está siendo suplido desde hace mucho por su variante inculta «inflingir», y reiteradamente también por «infringir», que sólo significa «quebrantar una ley u ordenanza».

Esta modalidad *fonética* indica quizá que la persona neohablante no se siente todavía muy segura en su recién adquirido lenguaje de reemplazo y se mantiene lo más pegada que puede al español. Pero sólo se trata de una hipótesis no comprobada.

Otras veces, la sustitución se lleva a cabo buscando al parecer una *función* similar a la del verbo relevado, o lo que el neohablante considera similar, como sería el caso en:

«Le tiritaban los dientes de frío».
Por «le castañeteaban».

Este último verbo hace mucho que fue sustituido en el propio español por «castañear». Pero dado que se trata de un vulgarismo de la lengua madre, no se incluirá en esta guía como palabra neoespañola.

«El golpe le fraccionó la mano.»
Por «se la fracturó», «se la rompió».

Por su parte, «romper» sirve a su vez como relevo de otros verbos según el imaginario neoespañol próximos a él, como podría ser el caso de «cortar». Por ejemplo:

«Rompió una rebanada de pan y se la dio».

Este tipo de carrera de relevos verbal en modo continuo es muy frecuente en el idioma aproximado. Algo por otra parte lógico, dado que ni siquiera una lengua puede sustraerse a la ley de conservación de la materia, según la cual nada se crea ni se destruye sino que simplemente se transforma.

Otro ejemplo sería:

«Su coche descarriló en una carretera comarcal una noche de lluvia».

En español, por uso, sólo «descarrilan» los trenes, aunque en sentido estricto podría hacerlo cualquier vehículo que circulase por un carril, que tanto lo es una vía férrea como los tramos longitudinales de las carreteras o autopistas por los que transitan los automóviles.

En el caso de la frase que se ha puesto como ejemplo, también por uso, el verbo adecuado quizá habría sido «salir». «El coche se salió de la carretera.» Sin embargo, la preposición «en» (se dice «en la carretera», no «de la carretera») podría indicar que lo que hizo el coche fue «derrapar».

Como se ve, el uso, es decir, el empleo continuado y habitual de algo, en este caso de una determinada expresión lingüística, tiene un papel primordial en cualquier idioma y hasta hace poco se daba por descontada su asimilación en todo hablante originario de un país, igual que, en general, se sabía que era de relativamente difícil comprensión para alguien sobrevenido a la lengua, a quien no resultaba fácil explicárselo.

No obstante, a juzgar por lo que se lee y se oye, en la actualidad hay una gran cantidad de nativos que tienen el propio idioma tan poco interiorizado como un forastero.

Y para terminar con las sustituciones por *función* similar, una última muestra:

«Lo que he visto no me presta buena espina».
Por «no me da buena espina».

Aunque esta frase, oída por primera vez en una prestigiosa serie en su versión doblada, no denota sólo un deficiente manejo del castellano, sino también un error garrafal de aprendizaje en la primera infancia del traductor de doblaje. Y ese error es la esencial diferencia, universalmente incorporada en la etapa del parvulario, entre «dar» y «prestar».

Como nota curiosa y que viene al hilo del ejemplo anterior, diré que en neoespañol el verbo «dar» sufre cierto rechazo y pocas veces se recurre a él cuando en español sería preceptivo, como por ejemplo en:

«Su hermano le proporcionó una bofetada».

«Dijo el rey propiciándole un beso en la frente.»

«Decidió tomar un paseo por el jardín.»

curso para sustituir un verbo por otros sería el de la

iedad algo más compleja.

... este caso se suele usar un verbo que, aunque no tenga nada que ver con el que se habría usado en español, revela con claridad el proceso mental del hablante para echar mano de él. (Les recuerdo que con «hablante» quiero decir cualquier persona que se sirva públicamente —es decir, en virtud de su trabajo— de la lengua, nunca alguien en su ámbito privado.)

La modalidad se comprenderá claramente con el ejemplo siguiente:

«El religioso ahorcó los hábitos».

«Colgar los hábitos» es abandonar la vida religiosa. Pero el verbo «colgar» también se usa como sinónimo de «ahorcar» en la ejecución de la pena de muerte por ese medio, por lo que el desplazamiento puede considerarse sin duda basado en el método deductivo.

Lo mismo que en:

«Corrió a suplantarse las medias de lana por otras de seda».

«Suplantar» sería ocupar el lugar de otro con malas artes, pero dejando a un lado este componente de mala fe intrínseco al verbo, también da idea de «sustitución», y ésta siempre conlleva «cambio», con lo que, con apenas dos grados de separación, se puede llegar al verbo finalmente seleccionado.

O bien:

«Eran muchos, por lo que habían fletado todo el hotel».

Cabe decir que el hotel no era flotante, ni formaba parte de ningún medio de transporte fluvial o marítimo. El autor, en este caso un novelista, se refiere a que esas personas habían alquilado un hotel entero.

A decir verdad, no acabo de entender del todo el razonamiento que lo llevó a la elección de «fletar», aunque sí entienda lo que quiere decir la expresión, merced al mecanismo de traducción interna del que les hablaba en la Introducción.

Pero pese a no disponer de todos los elementos para explicarles la secuencia mental seguida por quien escribió la frase, la incluyo aquí para que vean que la plasticidad de esta modalidad hace innecesario que la lógica aplicada sea estrictamente aristotélica.

Un aparte con intención tranquilizadora, antes de seguir desgranando la mecánica de la suplencia verbal. Soy consciente de que todo este proceso parece muy laborioso —pensar qué verbo se usaría en español y luego aplicar criterios notablemente variados, y a priori poco racionales, para cambiarlo por otro—, pero la sensación se debe a que sólo estamos en las primeras fases del aprendizaje.

Con la práctica enseguida dejarán el pensamiento a un lado y verán cómo, en neoespañol, la elección de las palabras se lleva a cabo mediante el automatismo más elemental y básico.

Relacionado con el sistema *lógico*, que acabamos de ver, hay el que podría considerarse un primo hermano de éste, aunque con un leve matiz. Se trata del método de sustitución con *lógica pillada por los pelos.*

El enunciado del mismo casi permitiría prescindir de la explicación, pero aun así diré que se llama de esta manera a cuando se elige un verbo que sólo remotamente, en muy determinadas y muy concretas circunstancias, sería lógico usar. Como:

«Solía enjuagar sus penas conmigo».

La explicación proviene de una presentadora de televisión, refiriéndose a una amiga suya, aunque pueden encontrarlo usado en este mismo sentido por numerosas fuentes.

Las penas a menudo producen llanto y las lágrimas se «enjugan», es decir, se secan. De «enjugar» se ha pasado a «enjuagar», que, pese a tener sólo una letra más, no significa «secar», sino todo lo contrario, pero esto en neoespañol es irrelevante.

«Tenía la cara pinzada de dolor.»

Lo mismo. «Pinzar» algo es doblarlo pellizcándolo con los dedos o con un elemento material, como un muelle, aparte de sujetar lo que sea con una pinza. El resultado, en todo caso, sería que ese algo quedaría arrugado, contraído.

Si alguien está sufriendo dolor, es fácil que haga muecas o frunza la cara, con lo que el efecto sería parecido a si esa cara hubiera sido pellizcada o doblada por algún medio.

Ya les he dicho que la lógica de este reemplazo es muy endeble, aunque, como pueden ver, no es que esté totalmente ausente.

Un último ejemplo, quizá más claro, sería:

«Al ver su horrible aspecto, todos se santificaron».

El verbo aquí sustituido es «santiguarse», es decir, «se persignaron», «hicieron la señal de la cruz».

La frase no significa en absoluto que al ver a ese horrible ser todos se volvieran santos al instante, sin descartar, por supuesto, que tal cosa pudiera ocurrir.

En estos trueques encontramos también una forma verbal que, más que suplente de otra, habría surgido de prensar partes de la oración, siguiendo la costumbre propia de otras lenguas, convirtiendo de este modo casi cualquier enunciado lingüístico en verbo. La llamaré modalidad de *compresión*.

He aquí alguna muestra, aunque seguramente ustedes ya habrán oído o leído otras.

Por ejemplo, «museificación», que supuestamente vendría del verbo «museizar», inexistente hasta ahora, pero que, por deducción, sería convertir en objeto de museo algo que hasta el momento no lo era, como una colección de patas de mesa o un envase de detergente.

«Basureó el resto de la tarde.»
Por «perdió el tiempo», o, más literalmente, «Echó a la basura el resto de la tarde».

Este tipo de construcción es muy fácil y para llevarlo a cabo les puede servir cualquier acción que requiera más de una palabra («manzanear», por recoger manzanas, «playear», por pasear por la playa, etc.). Y, sobre todo, expresiones en inglés que suelen usarse castellanizadas para abreviar la que se habría empleado en español, como «mailear» por enviar un correo electrónico, o «espoilear», por destripar el final de una serie o película.

Se da por otra parte la llamativa circunstancia de que este afán de reducción convive con una cualidad intrínseca y muy característica del neoespañol, como es la falta de agilidad expresiva, los infinitos circunloquios y el ilimitado detallismo descriptivo, que constituyen parte importante de su esencia, como se explicará más extensamente en el capítulo «Antieconomía del lenguaje».

En la exposición del mecanismo sustitutorio no podía faltar el ya antiguo cambio de un verbo por sus *contrarios*. Esta variante es en realidad herencia de la lengua castellana, pero el español aproximado le ha dado legitimidad, convirtiéndola en un elemento de pleno derecho del neoidioma a todos los efectos.

Un ejemplo bastante común sería:

«No podía dormir, así que he bajado para encontrar un libro».

A «encontrar» casi siempre se lo puede encontrar (valga la redundancia) ocupando el lugar de «buscar».

Igual que «venir» por «ir».

En una conversación entre dos personas que hablan por teléfono, por lo tanto a distancia ambos de la casa del otro, uno dice:

«No insistas, no voy a venir a tu casa».

La frase quizá no les suene rara, porque, como ya he dicho, el intercambio es casi inmemorial.

Así pues, «ir» es casi siempre sustituido por «venir», pero curiosamente también por «salir», y por éste de una manera muchísimo más agresiva, como se podrá ver en el capítulo «Desapariciones», con lo que me atrevería a decir que la pervivencia del verbo «ir», cuyo puesto está tan codiciado, corre serio peligro.

Por su parte, «traer» se cambia por «llevar».

«Nos lleva unos platos a la mesa, que nosotros devoramos hambrientos.»

No se crea que la mesa está en un sitio y los comensales en otro y que, al llevar alguien los platos, los invitados se desplazan para acercarse. No hay dos acciones intermedias, sino que las personas que van a comer están ya sentadas y esperando cuando les sirven la comida.

En este caso, la frase en español habría sido: «Nos trae unos platos a la mesa, que nosotros devoramos hambrientos».

Había que explicar el contexto, porque en esta clase de verbos es la circunstancia la que determina la elección. Por suerte, este tipo de pesadas sutilezas han desaparecido ya con el idioma aproximado.

Llegamos ahora al método de relevo más fácil de todos, porque para el mismo sólo hay que tener en cuenta el gusto y las ganas del que construye la frase. Si acaso hubiese que considerar algo en esta rienda suelta sería no ser demasiado conservadores respecto al español. Es la sección he llamado de *sustitución libre*.

Unos sencillos ejemplos creo que bastarán para darles toda la base necesaria:

«Ahí estaba, retorciendo su última batalla y llevándola al límite».

«Su trato a veces puede aminorarse difícil.»

«Lo miró atusando las pestañas.»

«La oyó desertar hondos suspiros.»

«—¡Silencio! —dijeron, intentando amenizar su impetuosidad.»

La *sustitución libre* se da también entre los verbos dicendi, o sea, aquellos que designan acciones de comunicación lingüística, como «decir», «responder», etc., o bien que expresan reflexión o emoción, como «pensó», «lamentó». Siempre en el contexto de la frase y ligados a la voz del personaje.

Para que se entienda, he aquí unas frases en español:

«—Tengo claveles —*dijo* la florista».
«—¡Qué te has creído! —*replicó* él.»
«—Esto no va a salir bien —*pensó* de repente.»

En castellano, los verbos de este tipo son bastante limitados, porque debe poder usarlos el sujeto, limitación que, por supuesto, no se da en neoespañol, lengua en la que han sido objeto de una total renovación.

Así, se podría decir, y de hecho se dice o se escribe:

«—¿Quieres dar un paseo? —rechinó la joven, mirándolo con dulzura».

Aclararé que la frase no es irónica, la joven no está enfadada ni resentida, sino todo lo contrario.

«—¡Fuera! —chispea Matthew, dando un puñetazo.»

«—Si me apreciaras tanto como dices, no harías esto —pifió ella, mirándolo a los ojos.»

Personalmente creo que el empleo de verbos tan desconcertantes para el hablante español en realidad no tiene nada o muy poco que ver con el significado de los mismos, y que sobre todo se eligen en función del tiempo verbal en que están conjugados.

Es sólo una intuición no comprobada y en la que quizá puedan profundizar futuros estudiosos con más conocimientos que los que posee esta autora.

Y como no podía ser menos, en este apartado de verbos de un idioma nuevo no podían faltar los de *nuevo cuño*, la aportación propia hecha ya no a partir de materiales reciclados ni mediante el desplazamiento de funciones lingüísticas previas, sino surgida directamente de los propios recursos del neohablante.

Sería el caso de:

«No externas nada y así no sé a qué atenerme».

«Tenía las manos embuchadas en un guante.»

«El cielo resignaba lluvia.»

«La mayoría de soldados llegaban escuchirrimiciados.»

No hay mucho que explicar al respecto, pero si quieren ver otros ejemplos, pueden echar un vistazo al capítulo «Neologismos».

Y para finalizar esta parte de los verbos, incluiré dos de las modalidades más desarrolladas en neoespañol: los *verbos auxiliares* y los *verbos comodín*.

Dado que entre ellos no hay jerarquías, los explicaré siguiendo un orden cronológico según el momento en que más o menos fueron apareciendo en la escena idiomática española.

Tengan en cuenta que esta cronología será inevitablemente un poco sesgada, dado que lo que se va a exponer corresponde a la experiencia personal de quien esto escribe, mientras que quizá otros hayan percibido antes o con mayor profusión algunas formas verbales distintas.

Empecemos en todo caso por el neoverbo auxiliar «venirse» (siempre usado así, con la partícula «se», nunca «venir» a secas).

«Venirse abajo» y «venirse arriba», para sustituir respectivamente a «animarse» y «desanimarse» o «derrumbarse», fue introducido, como bastantes otras cosas de este idioma, por el periodismo deportivo, tanto a través de retransmisiones de eventos de este tipo como mediante las crónicas audiovisuales o escritas de los mismos.

Seguramente todos habrán oído o leído ya:

«El equipo se vino abajo en bloque».

«Tras conseguir ese punto, el tenista se vino arriba.»

Una formulación mucho más reciente de este mismo *verbo auxiliar* es «venirse atrás». No en el sentido literal de «retroceder», sino en el figurado de «rendirse».

«Mantuvo siempre el tipo y en ninguna circunstancia se vino atrás.»

Es algo que se puede leer en loas y necrológicas, por ejemplo. Además de, por supuesto, en las susodichas crónicas o retransmisiones deportivas.

«Hay que pelear hasta el último minuto, sin nunca venirse atrás.»

Al margen del ámbito del deporte, el verbo «hacer», que en español no es uno de los auxiliares tradicionales, ha adquirido en cambio esta función en neoespañol. En especial para acompañar a «indicar», como se ha apuntado en la Introducción.

«Todo hace indicar que va a llover.»

«Todo hacía indicar que esta desgracia iba a ocurrir.»

Estas dos frases en castellano serían: «Todo indica que va a llover» y «Todo indicaba (o presagiaba) que esta desgracia iba a ocurrir».

En la nueva lengua se pueden hallar asimismo dos verbos que en español son sinónimos, pero que en aproximado se utilizan juntos, quizá para reforzar su función: éstos son «lograr» y «conseguir».

«Hoy vamos a hablar con Fulanito de Tal, que ha logrado conseguir un trabajo gracias a esta iniciativa de empleo.»

«En la última conferencia de paz lograron conseguir el acuerdo tanto tiempo buscado.»

Para una persona como esta autora, de formación de base matemática (y perdonen que haga esta referencia tan personal), resulta muy gratificante que también la lengua se adhiera a uno de los principios de esa disciplina, a saber, que los iguales se potencian. Aunque la lectura negativa podría ser que el neoidioma no parece confiar demasiado en la fuerza de sus vocablos si debe echar mano de esa ayuda, artificial desde el punto de vista del español.

Y lo mismo podría decirse de «volver» en su sentido de reiteración —el de «darse la vuelta» ya hace mucho que en castellano ha sido sustituido con éxito por el catalanismo «girarse»—. Así pues, en neoespañol, «volver» acompaña casi siempre a otros verbos que contienen ya su misma cualidad de reincidencia, como por ejemplo «repetir».

«Se lo volvió a repetir.»

«Volvió a reaparecer por allí.»

«Se volvieron a reencontrar después de tantos años.»

Llevando a cabo en este último caso un triple refuerzo que ni siquiera en matemática avanzada encontraría parangón.

Pero como ya se ha dicho, aparte de los nuevos auxiliares, en español aproximado se cuenta asimismo con los *verbos comodín*. Éstos, igual que los naipes así llamados, sirven para llenar huecos cuando no se dispone de la carta, o recurso lingüístico en el tema que nos ocupa, que corresponde.

En neoespañol, estos jokers serían muy destacadamente los verbos «envolver» y «celebrar». Empecemos con unos ejemplos del primero.

«Va envuelta en un vestido blanco inmaculado, con encaje en la espalda.»

«La idea la envolvió en pánico.»

«Se envolvió en una sonrisa de ternura.»

«Vi su imagen con el rostro envuelto en sangre.»

«Envueltos en el café y los dulces, empezamos por fin a hablar.»

Omito hacer ningún comentario al respecto, porque creo que las frases hablan por sí solas de la multifuncionalidad de «envolver».

Por su parte, «celebrar» es un verbo que ha recorrido un largo camino hasta llegar al momento presente, debido quizá a su personalidad un poco anodina, que siempre hacía dudar a la hora de escogerlo. ¿La misa se «daba» o se «celebraba»? Y lo mismo para las conferencias, ¿éstas se «daban», se «pronunciaban» o se «celebraban»?

Pero actualmente, gracias a la evidente confianza depositada en este verbo por parte del neoespañol, ya nadie duda y «celebrar» ocupa un lugar preferente, con todas las capacidades que se le quieran atribuir.

«Estaba a punto de celebrarse la siguiente guerra.»

Lo que en español se diría «estallar la siguiente guerra» o «comenzar», quizá.

«En la mente de la muchacha se estaba celebrando un debate.»

«En la disputa celebrada el día anterior, amenazó con matarlo.»

Para completar el apartado habría que incluir los *verbos desaparecidos*. Pero éstos son tantos y tan variados que sería tarea casi imposible. Se pueden ver unos cuantos ejemplos en el capítulo «Desapariciones».

Respecto a las *formas de conjugación*, ya se ha dicho que se puede recurrir a cualquiera de ellas, pues en neoespañol no se distinguen el pasado, el presente, el futuro, el condicional, la forma pasiva ni muchísimo menos el subjuntivo. El imperativo en cambio sí suele usarse cuando corresponde, aunque siempre en sus formas iletradas: «marcharos» por «marchaos», «salir» por «salid» y, por supuesto, «iros» por «idos» (que la verdad es que empieza a sonar raro hasta en español).

Y, desde luego, cabe usar infinitivo, participio y gerundio como se prefiera y guste más.

Rozaría la perfección en este idioma decir por ejemplo:

«Si no llego a verlo no lo creería».

Una frase que cuenta con doble presencia de neoespañol. Por un lado por la conjugación —o falta de ella— del verbo «creer», y por otra por la neoforma de la frase hecha española «Si no lo veo no lo creo».

«Apretando los dientes y bañándose en sudor, se levantó y dijo:»

Uno puede estar «bañado en sudor», pero en castellano «estar bañándose en sudor» es otra cosa no exactamente higiénica.

«Dudo que sus maestros lo reconocían de tan elegante como iba.»

«Lo dijo a la defensiva, como si temió que empezase una discusión.»

Aunque parezca difícil de creer, casi todas estas frases provienen de libros publicados por veteranas editoriales de considerable peso en el sector.

Y una forma del verbo «disparar» que ha prosperado hasta el punto de que en el momento actual una gran mayoría de españoles seguramente crean que se trata de puro castellano es «fue disparado» por «le dispararon».

«El policía fue disparado por uno de los manifestantes» es una frase de uso común aplicada a disparos diversos, es decir, también cuando el sujeto no es un policía.

Pero si todavía se expresan en español, el modismo les puede chirriar, dado que en esta lengua sólo son disparadas las balas y también los hombres-bala, un espectáculo circense que desconozco si todavía se sigue representando.

Esta conjugación con la voz pasiva se usa en efecto mucho con el verbo «disparar», aunque pueden encontrarle otras aplicaciones, como por ejemplo con «diagnosticar», asimismo bastante extendido.

«Fue diagnosticado de cáncer.»
Por «Se le diagnosticó un cáncer».

Sin embargo, el que ocupa lo más alto del podio es indiscutiblemente «preguntar». Dudo que a estas alturas quede alguien que no hay oído o leído casi a diario cosas como:

«El actor fue preguntado por su reciente paternidad».

«Ambos portavoces fueron preguntados sobre si estarían dispuestos a llegar a un acuerdo.»

EJERCICIOS

(Hallarán las soluciones al final del capítulo.)*

Sustituir el verbo en neoaproximado de las siguientes frases por el que le correspondería en español:

1. ¿Acaso quieres encarnar el papel que otros te <u>aclaman</u>?
    ¿Acaso quieres encarnar el papel que otros te _____?

2. Siempre procuro ir a la montaña a <u>descomprimirme</u>.
    Siempre procuro ir a la montaña a _____.

3. O se <u>rompe</u> por lo sano o no hay nada que hacer.
    O se _____ por lo sano o no hay nada que hacer.

4. Cogí mi bolso y me <u>apeé</u> del taburete.
    Cogí mi bolso y me _____ del taburete.

5. Quisiera <u>emparedarme</u> entre tus brazos.
    Quisiera _____ entre tus brazos.

6. Algunas de las cosas que oirás pueden <u>rasgar</u> tu sensibilidad.
    Algunas de las cosas que oirás pueden _____ tu sensibilidad.

---

* Igual que en el resto de la guía, todos los ejemplos que aparecen en los apartados de ejercicios son reales.

7. El hombre se <u>taponó</u> los oídos con las manos.
   El hombre se _____ los oídos con las manos.

8. Sus ojos azules le <u>proferían</u> un aspecto angelical.
   Sus ojos azules le _____ un aspecto angelical.

9. Nos <u>acoplamos</u> la chaqueta y salimos a la calle.
   Nos _____ la chaqueta y salimos a la calle.

10. Pidió un postre bien dulce para <u>sopesar</u> días tan amargos.
    Pidió un postre bien dulce para _____ días tan amargos.

11. —Escúchame bien —dijo ella, <u>arropando</u> su rostro entre las manos.
    —Escúchame bien —dijo ella, _____ su rostro entre las manos.

12. Por supuesto que iría al concierto. No podía <u>contradecir</u> una invitación tan amable.
    Por supuesto que iría al concierto. No podía _____ una invitación tan amable.

13. Cuando oía hablar de responsabilidad le <u>chirriaban</u> los oídos.
    Cuando oía hablar de responsabilidad le _____ los oídos.

14. John bajó las pestañas para ocultar sus ojos, <u>obturando</u> así su expresión.

John bajó las pestañas para ocultar sus ojos, _____ así su expresión.

15. Tras <u>pronunciarlos</u> marido y mujer, el sacerdote se despidió.

Tras _____ marido y mujer, el sacerdote se despidió.

16. La amenaza hizo que <u>crujiera</u> los dientes.

La amenaza hizo que _____ los dientes.

17. Ya he <u>puesto</u> cartas en el asunto.

Ya he _____ cartas en el asunto.

18. Soltó un <u>rasgado</u> sollozo.

Soltó un _____ sollozo.

19. Aún no tenían noticias que <u>impartir</u>.

Aún no tenían noticias que _____ .

20. Permanecía en silencio, sin <u>conferir</u> ningún ruido.

Permanecía en silencio, sin _____ ningún ruido.

21. Los espectadores <u>palmearon</u> con fuerza al acabar la actuación.

Los espectadores _____ con fuerza al acabar la actuación.

22. ¿Puedes <u>cangurar</u> a Ana esta noche?

    ¿Puedes _____ a Ana esta noche?

23. Andrew no las <u>guardaba</u> todas consigo.

    Andrew no las _____ todas consigo.

24. Me guiñó un ojo, tratando de <u>influirme</u> ánimos.

    Me guiñó un ojo, tratando de _____ ánimos.

25. Chasqueó la lengua para <u>arengar</u> al caballo.

    Chasqueó la lengua para _____ al caballo.

Y a continuación unos ejercicios a la inversa; es decir, en estas pocas frases en español, cambiar el verbo por su correspondiente en neoespañol.

a. <u>Parece</u> un sitio agradable.

     _____ un sitio agradable.

b. Por la noche no le <u>gustaba</u> estar con otra gente.

     Por la noche no le _____ estar con otra gente.

c. Te lo <u>pregunté</u> el día que nos conocimos.

     Te lo _____ el día que nos conocimos.

d. El día anterior <u>habíamos tenido</u> niebla.

     El día anterior _____ niebla.

e. El gato <u>arañaba</u> el interior de la bolsa con frenesí.

     El gato _____ el interior de la bolsa con frenesí.

SOLUCIONES

1. Atribuyen.
2. Relajarme.
3. Corta.
4. Bajé.
5. Acurrucarme.
6. Herir.
7. Tapó.
8. Daban.
9. Pusimos.
10. Compensar.
11. Sujetando, sosteniendo.
12. Rechazar.
13. ¿Pitaban? (No acabo de entender el sentido cabal de la frase.)
14. Ocultando.
15. Declararlos.
16. Rechinara.
17. Tomado.
18. Desgarrado.
19. Dar.
20. Proferir.
21. Aplaudieron.
22. Quedarte con, hacerle de canguro a.
23. Tenía.
24. Darme, transmitirme.
25. Incitar, espolear (en sentido figurado).

Para la sustitución de verbos en neoespañol:

a. Cualquier verbo.
b. Cualquier verbo.
c. Cualquier verbo.
d. Cualquier verbo.
e. Cualquier verbo.

Huelga decir que en cualquier tiempo y cualquier conjugación.

2

Tocar de oído

Una de las modalidades esenciales del neoespañol, además pionera del mismo junto con la sustitución de verbos, es la llamada Tocar de oído. Pero antes de pasar a explicarla, habrá que retroceder un poco en el tiempo y aclarar la diferencia existente en lengua castellana entre los verbos «oír» y «escuchar». Esto es necesario dada la absoluta equivalencia que ambos tienen en neoespañol, siendo el primero un casi total desconocido en la actualidad.

En español, el término «oír» se refiere a la mera percepción del sonido, es un acto involuntario, mientras que «escuchar» presupone prestar atención a ese sonido e intentar comprender su significado.

Así, se podría decir «No te oigo» para manifestar que no nos llega la voz de nuestro interlocutor, pero nunca «No te escucho», que sería una grosería, dado que la expresión querría decir que no queremos atender ni enterarnos por tanto de lo que se nos intenta comunicar.

De este modo, cabría «oír» por ejemplo una repentina explosión, que en cambio nunca se podría «escuchar», puesto que no la esperábamos y nos habría pillado por sorpresa.

Quizá hoy en día resulte un poco complicado comprender cabalmente estos matices, pero es necesario intentarlo, al menos para poder asimilar la parte de aprendizaje del nuevo idioma que se expone en este capítulo.

Como mera digresión, diré que hay varias teorías sobre el origen de este abarcador papel del verbo «escuchar». Se ha apuntado ya someramente en la Introducción que una de ellas vincula su inicio a la persistente pregunta «¿Se me escucha?», que la presentadora de un programa televisivo de entretenimiento y gran audiencia (sobre todo en sus primeras temporadas) les hacía a un grupo de concursantes, voluntariamente encerrados en una casa de la sierra madrileña, donde debían convivir durante un tiempo.

El momento en que ella hacía esa pregunta era decisivo para tres de los participantes, que esperaban en una sala especial, apartados de los otros, para saber cuál de ellos iba a tener que marcharse de la casa y, por tanto, quedar eliminado del concurso.

Sin embargo, a juzgar por la insistencia de la presentadora en preguntar lo mismo una y otra vez, en esa sala debía de haber frecuentes problemas de sonido. Aunque en este caso lo que debería haber dicho era si se la oía, no si se la escuchaba, pues lo que ella trataba de averiguar era si a los tres «nominados», como se los llamaba, les llegaba su voz. Vale decir que, a tenor de lo visto, y del sustancioso premio en juego, esas personas seleccionadas no sólo prestaban toda la atención del mundo, sino que bebían sus palabras.

En aquellos tiempos de neoespañol incipiente, la formulación de la pregunta dejaba desconcertados a muchos telespectadores e incluso se comentaba en medios diversos.

، Unos atribuían la extraña enunciación a un deficiente conocimiento de la mujer, pero otros muchos creían que, dado que decía esa frase por televisión, donde se supone que el lenguaje está controlado por quienes saben de lenguaje, los equivocados debían de ser ellos y ella la que lo decía bien. Y, en consecuencia, decidieron adoptar sin reservas el nuevo verbo para la función de «oír» y abandonar este último. De manera eficaz y definitiva, como se ha ido viendo posteriormente.

Algunos otros, los menos, creyeron que, al ser esa presentadora catalana, tal vez se tratara de un catalanismo. Pero hay que deshacer este entuerto, pues en este idioma la diferencia es igual de clara que en español para ambos verbos: «*sentir*» para «oír» y «*escoltar*» para «escuchar». Catalanismo, en este caso, habría sido que preguntara: «¿Se me siente?».

Otra teoría, en cambio, baraja la posibilidad de que —aparte del efecto viral innegable que tuvo este programa de televisión, que popularizó varias frases del estilo de la mencionada y otras mucho más zafias— en los orígenes de la suplencia hubiese habido también un cierto contagio del castellano que se habla en Latinoamérica, en el que sistemáticamente se intercambian esos dos verbos y cuyos hablantes tenían y tienen una nutrida presencia en el sector editorial, así como en el mundo periodístico y en el de la traducción para doblaje, especialmente en el subtitulado de películas y series.

Pero venga de donde venga, la realidad es que el caníbal «escuchar» es uno de los pilares básicos del neoespañol y en este punto abandono por tanto el excurso arqueológico de los orígenes de su preponderancia.

«Tocar de oído» se decía en sentido literal cuando una persona interpretaba música sin tener delante una partitura, con la mera ayuda de su memoria auditiva. Por extensión, se empezó a usar también en sentido peyorativo para indicar que alguien no sabía demasiado bien de qué hablaba, aunque tuviera una vaga idea del asunto; algo equivalente a «Hablar por boca de ganso».

En el contexto de esta *Guía práctica de neoespañol*, empleo la expresión para indicar que alguien ha oído una frase o palabra, pero, según todos los indicios, al no haberla visto nunca por escrito —un hecho insólito y desconcertante, porque todos los pioneros y difusores públicos de esta lengua han tenido que estudiar algo para desarrollar su profesión, y para estudiar ese algo se supone que habrán tenido que leer libros o apuntes, en el soporte que sea—, ese alguien la escribe o la dice como le «suena», o sea, como su oído le da a entender.

Esto presupone unas acusadas ufanía y arrogancia por parte del hablante, pero éstas son unas características que, se lo digo ya desde ahora, constituyen un elemento indispensable del español aproximado, y son muy útiles, si no imprescindibles, para progresar en el estudio del mismo.

No dudar nunca de lo que se conoce o desconoce, tanto de la lengua como de todo el mundo físico y de relación que rodea el lenguaje, es una herramienta nada desdeñable en el tema que nos ocupa y les resultará de primordial ayuda en indeseados momentos de vacilación.

He aquí unos ejemplos ilustrativos muy corrientes de la categoría:

«Aquello no podía surgir efecto».

«Cayó una trompa de agua.»

«Fue un toma y daga.»

«Ah, no, graso error.»

«Estoy atónico.»

En español, la primera frase sería «Aquello no podía surtir efecto», que significa que algo no daría el resultado que se esperaba. Formulada como está, en esta lengua no querría decir nada.

No obstante, es curioso que los verbos «surgir» y «surtir» signifiquen ambos en una de sus acepciones «brotar o salir el agua». Quizá eso indicaría que, a su manera trompicada, el nuevo lenguaje intenta orientarse intuitivamente hacia una de las fuentes (valga el símil casi redundante).

«Cayó una tromba de agua», sería la segunda frase, dicha en español. Una «tromba» es un chaparrón muy fuerte y repentino.

Sin embargo, curándose en salud y fiel a su naturaleza apocada, la Real Academia ya incorpora, aunque sea en la acepción número 16, una equivalencia entre ambas en la voz «trompa», aunque no así en «tromba».

«Fue un toma y daca» es la expresión tercera en castellano. Es evidente que no se sabe bien qué es un «daca», mientras que todo el mundo es capaz de describir y reconocer una «daga». Nuestro oído capta una palabra que desconoce y nuestros archivos cerebrales buscan suplirla con algo fonéticamente parecido.

«Daca», según el diccionario, es una interjección antigua hecha de «da», o «dame», y de «acá». Describiría un gesto de reciprocidad: tomar y dar.

«Ah, no, graso error», intentaría ser la expresión española «Ah, no, craso error».

Sucede lo mismo que con la frase anterior. No se sabe bien qué puede ser «craso» (que referido a error significa que no tiene disculpa), así que, una vez más, se cambia por lo que para nosotros tiene sentido y está más próximo a ese sonido.

Estar «atónico» sustituye a la palabra castellana «atónito».

Las frases que se construyen tocando de oído casi siempre se basan en el *cambio* de una sola letra, como en los ejemplos recién referidos. Aunque no en todas la ocasiones se trata de un cambio. Los neohablantes pueden también *comerse* una letra, esto lo verán sobre todo por escrito, o bien *añadirla*.

Cuando se la comen, suele coincidir con que haya dos «a» juntas. Como en:

«Hasta hora no lo hemos hecho nunca».
Por «hasta ahora».

«Quería cercarse a él, pero no se atrevía.»
Por «acercarse».

O también sin que haya esa «a» previa.

«Todos tenéis que prender mucho de mí, y tú vas a prenderlo el primero.»
Por «aprender» y «aprenderlo».

En los casos en los que se *añade,* esta letra se puede colocar en cualquier palabra y en cualquier punto de la misma. Como en:

«Sus ojos se abnegaron en lágrimas».
Por se «anegaron».

Creo que este es un buen momento para recordarles, una vez más, que todos los ejemplos que figuran en esta guía proceden de la vida real, del habla o de los textos de los diferentes profesionales que tienen la lengua española como herramienta y base de su trabajo.

Cuando la palabra proviene de un escrito, he esperado a que aparezca en ese texto más de una vez antes de recogerla, para evitar así tomar por neoespañol una errata.

Otras veces, en cambio, se trata de *sustituir* o *alterar* toda una palabra.
Por ejemplo:

«Me encía el alma verlo tan guapo».
Por deducción parece que quiere decir «henchía».

«Por más que me rebano el cerebro, no doy con la solución».
Por «devanarse los sesos».

En caso de que les dé curiosidad, esto se dijo en un principio en una serie dramática televisiva de cadena estatal, pero luego, como si hubiese creado escuela, se empezó a oír también en otras series o películas, todas de producción española, como la primera, y ha seguido usándose hasta el momento presente.

Y de otra serie, ésta histórica y de gran éxito, emitida asimismo en cadena estatal:

«Os insertaré con mi lanza, tenedlo por seguro».

Sin duda alguna por «ensartaré». Un trueque luego habitual en gran cantidad de subtítulos y doblajes.

«Lo tenía todo a buen resguardo.»

Para sustituir a la frase «a buen recaudo». Verán que el uso de la expresión está ya totalmente normalizado en todos los medios informativos y producciones culturales españolas.

Algunas veces lo pueden encontrar también a la inversa: «En la ciudad había locales a buen recaudo, donde los caballeros podían satisfacer sus necesidades», refiriéndose a locales «discretos» y, por extensión, lugares «a resguardo». En este caso iría sin el adjetivo «buen», que sólo acompaña a «recaudo».

Pero en esta variedad se da también un nivel de mayor dificultad, el *nivel complejo*, del que me limitaré a dejar constancia, pues en principio únicamente está al alcance de los que ya poseen cierta práctica.

Consiste en hacer una transposición, no sólo de lo que se ha oído, sino de la idea que ese vago percibir con nuestros oídos nos sugiere.

Un mero ejemplo ilustrativo:

«El matrimonio sólo se consideraría válido en el segundo puesto de que hubiese sido oficiado por un religioso».

Traducido al español: «El matrimonio sólo se consideraría válido en el supuesto de que hubiese sido oficiado por un religioso».

EJERCICIOS

(Hallarán las soluciones al final del capítulo.)*

Sustituir por la palabra en español que crean que le corresponde.

1. Me mira con un gesto que me <u>lleva</u> el alma.
   Me mira con un gesto que me ____ el alma.

2. No me llega la camisa al <u>cuello</u>.
   No me llega la camisa al _____.

3. Tenía unos bonitos ojos <u>rajados</u>.
   Tenía unos bonitos ojos _____.

4. Me lleva a la habitación <u>continua</u> para hablar conmigo.
   Me lleva a la habitación _____ para hablar conmigo.

5. Me voy con la cabeza <u>agachas</u>.
   Me voy con la cabeza _____.

6. <u>Aún que</u> creo que eso no puede ser.
   _____ creo que eso no puede ser.

* Igual que en el resto de la guía, todos los ejemplos son reales.

7. Había caído en sus <u>sauces</u>, que era justamente lo que más temía en el mundo, caer en las <u>sauces</u> de aquel hombre.
   Había caído en sus _____, que era justamente lo que más temía en el mundo, caer en las _____ de aquel hombre.

8. Ella <u>tan bien</u> tenía sueño.
   Ella _____ tenía sueño.

9. Tenía el pelo entrecano, una gran cicatriz en la barbilla y los bigotes <u>decaídos</u>.
   Tenía el pelo entrecano, una gran cicatriz en la barbilla y los bigotes _____.

10. Entonces, ella <u>pareció</u> entre los árboles.
    Entonces, ella _____ entre los árboles.

11. Sonrió con <u>una tisbo</u> de reconocimiento.
    Sonrió con _____ de reconocimiento.

12. Sentía en su interior un fuego <u>arrasador</u>.
    Sentía en su interior un fuego _____.

13. Tenía los ojos negros como la <u>tiña</u>.
    Tenía los ojos negros como la ____.

14. No sé si he cerrado la puerta con <u>pestiño</u>.
    No sé si he cerrado la puerta con _____.

15. El coche había recorrido ya <u>intrínsecas</u> carreteras.

    El coche había recorrido ya _____ carreteras.

16. Mirándose en el espejo, se dijo <u>así mismo</u>: ten cuidado, Juan.

    Mirándose en el espejo, se dijo _____ : ten cuidado, Juan.

17. Me exaspera, me saca de <u>juicio</u>.

    Me exaspera, me saca de _____.

18. ¡No puedes acusarme de <u>arrobo</u>! Yo ni siquiera estaba allí.

    ¡No puedes acusarme de _____! Yo ni siquiera estaba allí.

19. Se trataba de un bar de dudosa <u>reparación</u>.

    Se trataba de un bar de dudosa _____.

20. Sé que las habladurías se han <u>ensanchado</u> contigo mientras yo estaba fuera.

    Sé que las habladurías se han _____ contigo mientras yo estaba fuera.

21. Su llanto incomodó a toda la <u>instancia</u>.

    Su llanto incomodó a toda la _____.

22. Fue conmigo como un <u>tímpano</u> de hielo.

    Fue conmigo como un _____ de hielo.

23. <u>Adheridos</u> de terror, empezamos a gritar como locos.

    _____ de terror, empezamos a gritar como locos.

24. Lo mató en el <u>fulgor</u> de la batalla.

    Lo mató en el _____ de la batalla.

25. Hay que elevar el <u>pistón</u>.

    Hay que elevar el _____.

SOLUCIONES

1. Llena.
2. «No me llega la camisa al cuerpo» es en español «estar lleno de zozobra y temor». Una camisa que no llegara al cuello sería tal vez una improbable camisa con escote palabra de honor.
3. Rasgados.
4. Contigua. Una palabra que quizá habría que ir considerando desaparecida, dada la frecuencia de su sustitución por esta otra.
5. Gacha, inclinada.
6. Aunque.
7. Fauces (en ambos casos).
8. También.
9. Caídos.
10. Apareció.
11. Un atisbo.
12. Abrasador.
13. Como la tinta. La «tiña» es una enfermedad que no posee ningún color.
14. Seguramente «pestillo», porque «pestiño» es una especie de dulce de churrería. También persona o cosa insoportable, pero no creo que se ajuste a la frase.
15. Intrincadas (o intricadas), por «enredadas», «complicadas». «Intrínseco» es «íntimo, inherente o esencial de algo».
16. A sí mismo.
17. Quicio, que equivale a «sacar a alguien de sus casillas».
18. Robo.
19. Reputación.
20. Ensañado.
21. Estancia.
22. Témpano, pedazo de hielo.
23. ¿Quizá «ateridos»? Aunque el verbo «aterir» signifique «pasmado», en español ese pasmo tiene como causa el frío. No así en neoespañol, en que se puede usar, y de hecho se usa, en otros sentidos, como: «La niña estaba aterida de ansiedad», por ejemplo.
24. Furor, que es el momento de mayor intensidad de una circunstancia. También podría ser «fragor».
25. Listón.

3

Preposiciones, conjunciones y adverbios

En español, estos vocablos son partículas lingüísticas invariables que sirven para unir frases subordinadas a sus antecedentes, frases equivalentes entre sí, o bien para matizar o complementar el verbo, un sustantivo u otro adverbio.

No sé si se sigue usando el mismo método para aprender estas partes de la gramática o ninguno, en todo caso, antes había que memorizar lo que era cada una de ellas y la lista de las mismas.

Pese a la mala fama que en los recientes tiempos ha adquirido la función de la memoria en la educación, hay cosas, como por ejemplo estas listas, las tablas de multiplicar o los elementos y valencias de la tabla periódica, que todavía requieren de ese proceso de repetición mental para fijarlas en el lóbulo del cerebro que les corresponde. Una parte de éste, la de la memoria, en la que, curiosamente, también reside la comprensión del lenguaje.

PREPOSICIONES: a; ante; bajo; cabe (en desuso. No confundir con el verbo «caber»); con; contra; de; desde; en; entre; hacia;

hasta; para; por; según; sin; so (equivale a «bajo» o «debajo de». Como adverbio, sirve para enfatizar. Por ejemplo: «¿Adónde vas, so memo?»); sobre y tras.

«Según» y «tras», pese a no figurar como preposiciones en la *Gramática de la lengua española* de la RAE, sí están consideradas como tales en la última edición del *DRAE*, la vigesimotercera.

Por su parte, «durante», un antiguo participio del verbo «durar», se incluye ahora en la lista de las preposiciones.

CONJUNCIONES: Las hay de muy diversos tipos según su función: copulativa, adversativa, causal, etc.

Algunas de ellas serían: y; e; ni; que; pero; aunque; como; si; porque...

ADVERBIOS: Éstos también son variados. Los hay de lugar, comparativos, demostrativos, de tiempo, etc. Como:

Aquí; hoy; tan; así; bien; despacio...

Pero para el caso que nos ocupa, es decir, iniciarse en los entresijos del idioma neoespañol, lo que hay que hacer ahora es olvidar todo lo aprendido en este campo y situarnos con nuestra mente como una hoja en blanco ante las características de la nueva lengua, como haríamos con cualquier otra que quisiéramos llegar a dominar.

Por lo pronto, la norma básica es que —como hemos visto que sucede con los verbos— para unir frases o palabras en idioma aproximado se puede usar cualquier preposición, conjunción o adverbio (aunque no se sepa si son una cosa u otra o incluso qué son) que les guste o se les ocurra en ese momento. O también una palabra que no pertenezca a ninguna de esas categorías. Otro recurso que cuenta con muchos seguidores es quitar la que en español hubiese correspondido y dejar la frase sin ese tipo de uniones.

En general, al tratarse de palabras cortas, el momentáneo desconcierto producido en el castellanohablante por el reemplazo, supresión o incorporación gratuita de esas partículas del lenguaje se dejará atrás enseguida y la intratraducción se activará, como casi siempre, de manera instantánea.

En suma, los mecanismos básicos de la categoría son pues el *intercambio*, los *añadidos* y la *eliminación*.

Frases de *intercambio* serían por ejemplo:

«Se inspiraron notablemente de textos egipcios».
Donde la preposición debería haber sido «en».

«Fue asesinado de manos de un criado.»
Por «a» manos de un criado.

O bien el ya muy socorrido, y que no carece de cierta lógica:

«Escondía un as bajo la manga».

Tradicionalmente, tanto en el juego del póquer como en sentido figurado, el as se esconde «en» la manga, es decir, «dentro» de la misma, oculto a la manera de los tahúres, pero en

73

neoespañol se está instaurando la convención de que «bajo» no signifique «debajo de la manga», sino asimismo «dentro».

Uno de los *intercambios* más usados es el de «a» por «en», con el verbo «sentarse».

«Llegaron al restaurante y se sentaron en la mesa.»

«Se sentó en la barra mientras lo esperaba.»

En español, estas dos frases con «en» querrían decir que los sujetos se sentaron literalmente encima de la mesa o de la barra —un comportamiento que, dicho sea de paso, llamaría la atención tanto en un mundo de habla española como de neoespañola—, por lo que, para evitar el error de comprensión, se recurre, como se ha dicho, a la preposición «a».

«Se sentaron a la mesa.»

«Se sentó a la barra.»

Pero «a» es una partícula que, por así decir, no se casa con nadie, y olvidando a «en» se presta a ser sustituida también por otras, como por ejemplo por «de». Así sucede en:

«Siempre procuraba tener de mano a cualquier persona con tal de no hacerlo ella».

«Me veré obligado de llamar a alguien.»

Aunque «de», por su parte, tampoco se queda quieto y con frecuencia reemplaza asimismo a otros compañeros.

74

«Se acercaron tratando de congraciarse de los vencedores.»

Se dice en un libro de historia del siglo XX, por «con» los vencedores.

«Me hizo un contrato de toda regla.»

Por «en» toda regla.

«Es una cosa muy antigua, de un tiempo donde se estilaba eso.»

Y con el mismo adverbio:

«Ambos actores recuerdan la época donde fueron felices juntos».

«Donde» en lugar de «en que» o «en el que, en la que» en ambos casos.

Dada su ductilidad, «donde» se está convirtiendo en el sustituto comodín por antonomasia.

Se lo podría considerar como el cangrejo americano de este río lingüístico, pues se desliza y coloca donde quiere, invadiendo cada vez más lugares que deberían estar ocupados por otros adverbios, preposiciones, conjunciones o incluso verbos, y los devora en su provecho.

Pero como su equivalente en fauna acuática, aporta a cambio una serie de ventajas, y la principal para el aprendiz de neoespañol es meridiana: sirve para cualquier circunstancia.

Veamos ahora las modalidades de *supresión* y *añadidos*.

La primera se inició hace ya años con la eliminación de «de» —casi se podría considerar la supresión pionera neoespañola de las preposiciones—, en especial cuando iba antes de «que».

Extrañamente, en aproximado no existe el dequeísmo (usar la locución «de que» incorrectamente, como en «Le dije de que comiera»). Aunque seguramente el dequeísmo ha tenido mucho que ver en la desaparición de «de» cuando corresponde. Porque, por temor a incurrir en este empleo, indebido según la gramática española, se ha optado por comérselo en todos los casos.

Por lógica, la *supresión* les debería resultar fácil, dado que, como su nombre indica, sólo se trata de hacer desaparecer una partícula lingüística, la que ustedes deseen.

«Me doy cuenta [] que no puede ser.»

«Me siento honrado [] que me hayas invitado.»

«Se corrió la voz [] que el rey Fernando iba a ir a la ciudad.»

En todas estas frases lo que se ha eliminado es «de», pero también se suprime mucho «a».

«Había que avisar [] los vecinos de que llamaran [] la policía.»

Como escribe, esta vez como en todos sus demás trabajos que he tenido ocasión de ver, una ilustre traductora de una prestigiosa editorial.

En este caso concreto quizá habría que llevar la expresión a «Traducciones», dado que la frase es un calco del francés, lengua a la que esa profesional de la lengua española se dedica, pero se incluye aquí para que vean un ejemplo con la ausencia de la partícula.

«Torció [ ] una calle lateral.»

Esta sería otra muestra de *supresión*. Sin embargo, las calles no se pueden torcer, a no ser que se posea una fuerza sobrehumana, mientras que, hablando de alguien con una fuerza normal debería decirse que «torció por una calle».

También se podría expresar como que ese alguien «cogió una calle lateral», pero como podrán ver en «Desapariciones», el verbo «coger» se evita en España cada vez más por contagio de lo que sucede en los países latinoamericanos, donde se considera obsceno.

Por lo que respecta a la variedad *añadidos*, el principio básico es el mismo que para todo el neoespañol: se puede incluir lo que se quiera donde se quiera. Lo ilustraré con unas pocas frases.

«Las nubes surcaban por el cielo.»

El «por» en español sobraría, porque «surcar» equivale a «atravesar» o «cortar» algo, en este caso el cielo. Si en cambio el verbo escogido hubiese sido «navegar», sí se podría, y debería, haber usado «por», «Las nubes navegaban por el cielo».

Otra preposición innecesaria en español y a la que la nueva lengua parece recurrir como si fuera de uso obligado es «con».

«Debes cumplir con tu palabra.»

Lo habrán leído y oído seguramente por doquier, desde luego en todas las películas dobladas y series nacionales, o en las extranjeras asimismo dobladas.

Lo mismo que sucede con «durante».

«Lo miró durante largo y tendido.»

«Largo y tendido» significa «extensamente», por lo que delante sólo necesita el verbo. «Habló largo y tendido», por ejemplo.

Y seguro que también han oído o leído mucho la expresión «En lo más mínimo».

«No puede ayudarme usted en lo más mínimo.»

«No me gusta en lo más mínimo lo que ha hecho.»
En ambos casos, en español se prescinde de «en».

Por su parte, «a» es una preposición en extremo versátil, pues está presente en las tres modalidades: *trueque*, *supresión* y *añadidos*. Veámosla en esta última:

«Hacía tiempo que no oía a hablar de ella».

«No se digna a bajar a verme.»

En neoespañol, «a» y el verbo «dignarse» siempre van juntos.

«El señor Richard desmintió a la noticia.»

Aunque la noticia no sea una persona, y por tanto no se la pueda desmentir ni tampoco darle la razón y no necesite en consecuencia esa «a», es también una expresión extraordinariamente usada en todos los informativos del país.

«Lo miró a él, antes de pasar sus ojos a cuantos se apiñaban a su alrededor.»

Cabe aclarar que el narrador de este libro de ficción no entregó literalmente sus propios ojos a quienes lo rodeaban, sino que «pasó la vista» por ellos, es decir, «los miró».

Esta explicación, que puede parecer una perogrullada, con el auge de novelas, películas y series esotéricas, protagonizadas por seres no humanos diversos, que nunca mueren y cuyos miembros, pongamos por caso una mano cercenada, les pueden volver a crecer en caso de necesidad, no es una cuestión nimia para que la tengan en cuenta. Porque aunque, como se ha venido diciendo, en neoespañol todo vale, desde el momento en que existe un universo de ficción alternativo donde este tipo de expresiones se formularían en sentido literal, hay que prestar especial atención a distinguir el contexto en que se usan.

Y para terminar con el apartado de *añadidos*, un consejo: no olviden incluir sin excepción la conjunción «y» en las locuciones: «tal como», metamorfoseada con éxito en «tal y como», y «punto final», desde ahora, en neoespañol siempre «punto y final».

Huelga decir que esa «y» en castellano no sólo es innecesaria sino incorrecta.

En aproximado se da también otro uso de preposiciones, conjunciones o adverbios que les puede resultar en extremo chocante, aunque vagamente entiendan el significado de lo que se dice.

Un caso sería cuando leemos u oímos una expresión enfática del tipo:

«Se suicidarían antes de rendirse».

A pocos restos de español que queden en nuestro acervo, la frase puede causarnos estupefacción, porque en sentido literal, y no parece que lo tenga figurado, significa que los sujetos de la misma, *primero* (que es lo que quiere decir «antes de») se suicidarían y *luego* se rendirían. Y todo el mundo da por sentado que si alguien se suicida, y presumiblemente muere, después no puede rendirse ni, por otra parte, hacer nada más.

Para evitar estos equívocos, en español se usa la locución «antes que».

«Se suicidarían antes que rendirse», que formulada así quiere decir que un grupo de personas preferirían la muerte por propia mano a la rendición.

Y lo mismo en este otro contexto, aunque aquí sí sea en sentido figurado:

«Daría su vida antes de faltar a su palabra».

Igual que antes. Lo que se entiende en castellano es que *primero* daría su vida y *luego* faltaría a su palabra.

Y para terminar y antes de pasar a los ejercicios, tres frases hechas neoespañolas, confeccionadas con cambios o eliminación preposicional, con las que puede que se topen.

En primer lugar, la extendidísima «Encoger los hombros», para decir lo que en español sería «Encogerse de hombros».

En este último idioma, tanto el gesto literal como la frase en sentido figurado quieren decir que alguien no sabe o se desentiende de algo, mientras que la voz sustituta en neoespañol, sin la preposición «de», «Encoger los hombros», en castellano quiere decir «sobrellevar algo con paciencia».

Vayan con cautela pues al incoporar a su lenguaje locuciones neoespañolas sin aplicarles el suficiente filtro, por si están transmitiendo con las mismas un mensaje que no es el que en principio desean, como que un valiente que simplemente se muestra desinteresado pueda parecer un pusilánime.

Y lo mismo rige para «Coger a alguien en brazos», que significa levantarlo del suelo y trasladarlo a otro lugar, mientras que la forma en neoespañol que se pretende la misma, «Coger a alguien entre los brazos», sólo expresa el gesto de abrazar con más o menos fuerza a ese alguien.

Así, cuando una narradora explica «Como yo no podía caminar, me cogió entre sus fuertes brazos y me llevó desde el coche hasta la casa», lo que en un principio visualiza un castellanohablante es que el hombre que hace eso, que la verdad es que muy fuerte no parece, lleva a la mujer que lo explica abrazada a él y arrastrando ella los pies hasta llegar a la casa.

Y una tercera, también muy instaurada ya es: «Hallarse alguien entre las cuerdas».

En un primer momento se podría entender que ese alguien se ha quedado enredado en unas cuerdas determinadas. Aunque la frase en español, «Estar contra las cuerdas», quiere decir que se está arrinconado, entre la espada y la pared, o, en origen, entre los puños del contrincante y las cuerdas que conforman el ring.

Porque este es un término que procede del mundo del boxeo. Si bien la actual erradicación de este deporte de todos los medios de difusión haga que la imagen no se nos represente totalmente clara.

EJERCICIOS

(Hallarán las soluciones al final del capítulo.)*

A. ¿Qué partícula lingüística en español iría en lugar de la señalada?

1. Los trabajadores contratados limpiarán <u>hasta</u> que perdure la huelga de basuras.
    Los trabajadores contratados limpiarán _____ perdure la huelga de basuras.,

2. Recuerdo aquella conferencia <u>en</u> la que asistí como oyente.
    Recuerdo aquella conferencia __ la que asistí como oyente.

3. Me tenía <u>sin</u> vilo.
    Me tenía __ vilo.

4. Morata visita <u>en</u> muletas a sus compañeros.
    Morata visita __ muletas a sus compañeros.

5. En este asunto, el gobierno está <u>sobre</u> sospecha.
    En este asunto, el gobierno está _____ sospecha.

* Igual que en el resto de la guía, los ejemplos son reales.

6. Tenía que pensar lo que iban a tratar <u>bajo</u> sus cuatro paredes.

   Tenía que pensar lo que iban a tratar ____ sus cuatro paredes.

7. La miró <u>en</u> los ojos.

   La miró ____ los ojos.

8. Fueron al encuentro del rey <u>sobre</u> el que se habían alzado en armas.

   Fueron al encuentro del rey ____ el que se habían alzado en armas.

9. Dijo <u>en</u> un hilo de voz.

   Dijo ____ un hilo de voz.

B. ¿Qué partícula lingüística faltaría en español?

1. No se dio cuenta ____ que ese proceso acabaría con él.

2. Al enterarse ____ que el rey está a punto de llegar, la oposición decide actuar.

3. Estoy seguro ____ que saldrá bien.

4. Tengo la esperanza ____ que lo entienda.

C.   ¿Qué partícula lingüística sobraría en español?

1.   Algunos se resistían hasta en el último aliento.

2.   Un historiador de la época advierte de la indignación del rey y decide guardar silencio.

3.   Sus palabras lo devolvieron a la cordura.

4.   Los partidos cumplen con su programa.

5.   Tienes que atarlo en corto.

SOLUCIONES

A1. Mientras (sin el «que»).

A2. A. Si fuese «en la que asistí como oyente», querría decir que ayudó en la conferencia, no que fue a escucharla.

A3. En. Es posible que se haya producido una cierta confusión entre «sin aliento» y «en vilo».

A4. Con, porque las muletas no son un atuendo, como por ejemplo un pijama («Morata visita en pijama a sus compañeros»). Si los hubiese visitado en silla de ruedas en vez de con muletas sí se podría haber empleado «en».

A5. Bajo.

A6. Entre. Esta es una expresión extrañamente instaurada y difundida. Extrañamente, porque a priori se diría que salta a la vista, incluso para un neoespañol, que «bajo» unas paredes no se puede hacer nada.

A7. A.

A8. Contra.

A9. Con. Quiero destacar que decir las cosas «en un hilo de voz» es ya la única forma de expresar que se habla con voz sumamente débil o apagada. En idioma aproximado, «con un hilo de voz» está por completo finiquitado.

———————

B1, B2, B3 y B4. De. Aunque si en alguna de las frases, o en todas, han pensado que no faltaba nada, felicidades, están progresando a muy buen paso.

———————

C1. En. Si se resistieran «hasta en el último aliento» querría decir que se resistían antes e incluso en el momento mismo de dar el último aliento. «Hasta el último aliento», sin el «en», tiene el sentido figurado y enfático de luchar hasta la muerte, o sea, sin rendirse.

C2. De (debería ser «advierte la indignación del rey»). Sin el «de» querría decir que el historiador se da cuenta de la indignación del rey y, prudentemente y en consecuencia, decide guardar silencio, mientras que con la preposición significaría que el hombre avisaría a otros de que el rey está indignado, lo cual sería contradictorio con guardar silencio.

En este caso, el responsable de la confusión es el desconocimiento de las dos funciones del verbo «advertir», que sin preposición significa una cosa, «darse cuenta», y con preposición otra, «avisar» de algo.

C3. A (y con el pronombre «le», no «lo»). «Sus palabras le devolvieron la cordura.» La cordura no es un lugar, no se puede devolver a nadie a él.

C4. Con. En este sentido, el verbo «cumplir» no necesita ninguna preposición detrás. Se «cumple la palabra» y «se cumple el programa», mientras que «cumplir con» siempre hace referencia a alguien: «Cumplió con Dios», «Cumplió con sus amigos».

C5. En. «Atar corto» a alguien es reprimirlo o sujetarlo. En español «Atar en corto» no existe.

4

Artículos determinados e indeterminados y concordancia de género y plurales

Los bailes de artículos, la falta de concordancia de género, los singulares o plurales peculiares y otros tratamientos llamativos de esta parte de la gramática no son exclusivos del neoespañol, sino que también se dan a veces en castellano, aunque, como en muchas otras cosas, el nuevo idioma los haya multiplicado y, sobre todo, haya dado a los neohablantes seguridad para exhibir sin vergüenza lo que entre personas de habla española se considera indicativo de ignorancia.

Veamos algunos ejemplos:

«El hinchazón que sufre es importante».

«En la casa de la asesina se encontró además un segundo arma.»

«No esperaba tener que pagar por todos los masacres que usted ha provocado.»

Algunas de estas frases ya las conocíamos antes de la aparición del aproximado. En cambio llaman más la atención nuevas incorporaciones también de amplia aceptación, como decir «las abdominales» para referirse a los músculos del abdomen, que, por lo visto, en neoespañol han cambiado de sexo y se han convertido en palabra femenina mediante un proceso que me siento incapaz de explicar.

«Si yo tuviera unas abdominales como las suyas, también las enseñaría.»

«Este ejercicio sirve para fortalecer las abdominales.»

Reconozco que lo de la feminización de «los músculos abdominales» suena raro, pero tal vez pueda aportar alguna ventaja.

De entrada es un santo y seña infalible, casi al mismo nivel de eficacia que ser «preso» del pánico. «Fueron presos del pánico», se oye o lee a menudo.

En español la expresión es «presa» para ambos géneros y sólo admite variación en el número, singular o plural: «El soldado fue presa del pánico», «Los turistas fueron presas del pánico». Porque lo que quiere decir es que el pánico nos atrapa, nos convierte en su presa. Igual que un animal es «la presa» del cazador, no «el preso» si es de género masculino.

Estas dos frases son quizá las más reveladoras de la categoría y nos definen mucho más como neohablantes que otras también habituales y en auge, como «el vigilio» o «plantar la cara».

«El vigilio por el chico muerto en Ferguson fue multitudinario.»

Para referirse a lo que en español es «la vigilia».

«El presidente del gobierno ha decidido plantar la cara.»

Esta expresión en castellano habría significado que el presidente del gobierno hacía con su cara algo en principio reservado a los vegetales. En esta lengua, lo que él al parecer quería transmitir se dice «Plantar cara», sin el artículo, y significa que uno desafía, se opone o se resiste a alguien o algo.

Pero tal vez lo más representativo —y desconcertante para el castellanohablante— sea la desaparición del neoespañol de los artículos indeterminados: «un, uno, una, unos, unas», que son sustituidos sistemáticamente por los adjetivos «alguno» o «ninguno».

Quizá los artículos intederminados se interpreten como contables en vez de como tales indeterminados, es decir, no concretos ni definidos, y al no comprenderlos haya una resistencia a usarlos. Pero esto no es más que una hipótesis de esta autora, basada, eso sí, en pistas verbales, como por ejemplo que se diga o escriba:

«Pronto supieron que no era ningún combatiente leal».

«Alberto no era en absoluto ningún chico estudioso.»

«Seguí tu rastro para averiguar si estabas bien o te habían asaltado algunos bandidos.»

Y la más sorprendente de todas:

«Era algún desconocido para ella».

Y en cambio se pueda también leer u oír:

«Mediante el dibujo, esos niños víctimas de la violencia de la guerrilla podían expresar pena por la pérdida de uno de sus familiares».

Hay que tener en cuenta que se está hablando de niños que han perdido cada uno de ellos a tantos familiares a manos de la guerrilla que a menudo se han quedado solos en el mundo, por lo que tienen que vivir en orfanatos.

Lo que sucede con este tipo de artículos en particular es una de esas cosas que demuestran de manera bastante sobrecogedora lo difícil que es comprender la comprensión ajena.

En este mismo campo, «uno de» o «alguno de» son otras de las formas que se emplean para evitar «un, uno» junto con sus femeninos y plurales.

«Lo cogió con una de sus manos.»

«Le pasó uno de sus brazos por el hombro.»

«Derramó algunas de sus lágrimas.»

Como colofón, mencionaré un hecho léxico curioso relacionado con el plural de las palabras compuestas.

Tanto el español como el neoespañol, en este tipo de palabras lo forman como si se tratara de una sola. Decimos, «Esos niños son unos maleducados», no «Esos niños son unos malos educados». O, «De repente, todos se sintieron malhumorados», no «De repente, todos se sintieron malos humorados». Pero en neoespañol existe sin embargo una salvedad: «malentendido».

Así, es frecuentísimo encontrarse con:

«Hay que aclarar los malos entendidos».

O cualquier otra frase que contenga la palabra, tratada ésta del mismo modo, es decir, como si fueran dos.

EJERCICIOS

(Hallarán las soluciones al final del capítulo.* Dado que es un capítulo más corto, los ejemplos estarán asimismo limitados.)

Poner el género, número o artículo que corresponden en español en cada frase.

1. Tenía un hambre canino.
    Tenía ___ hambre _____.

2. La miró con el corazón en el puño.
    La miró con el corazón en _ puño.

3. Tenía que hacer una de mis pequeñas esquemas.
    Tenía que hacer ___ de mis _____ esquemas.

4. No es que fuera ningún experto en la materia.
    No es que fuera _____ experto en la materia.

5. Era humano, de su misma especia. Una especia que había perdurado durante siglos.
    Era humano, de su misma _____. Una _____ que había perdurado durante siglos.

* Igual que en el resto de la guía, todos los ejemplos son reales.

SOLUCIONES

1. «Tenía un hambre canina.» «Hambre» es femenino y el adjetivo debe concordar con el género de ese nombre.

2. «La miró con el corazón en un puño.» Es una frase hecha para decir que estaba acongojado, angustiado. «Tener el corazón en el puño» sería más bien grimoso.

3. «Tenía que hacer uno de mis pequeños esquemas.» Desconozco por qué «esquemas» en neoespañol es femenino. Quizá porque acaba en «a», aunque no es el caso de «abdominales» y asimismo han adquirido ese mismo género.

4. «No es que fuera un experto en la materia.»

5. Especie. «Especia» es otra cosa.

5

Combinatoria

Uno de los más tempranos fundamentos del español aproximado es la Combinatoria, que consiste en *mezclar* dos o más frases hechas para crear otras nuevas. O bien *sustituir* alguna o algunas palabras de esas frases hechas preexistentes por otros vocablos de libre elección.

Para decirlo con una formulación más moderna: la Combinatoria sería una deconstrucción de frases hechas españolas, reconstruidas posteriormente a la manera neoespañola.

«Saco muerto» para reemplazar a «saco roto» fue uno de los primeros compuestos lingüísticos combinatorios del que se tiene noticia, y que ahora ya casi parece antiguo.

«Veo que mis palabras van a caer en saco muerto.»

Que una cosa se eche o caiga en «saco roto» quiere decir en sentido literal que todo lo que se meta en él caerá fuera y, si no nos damos cuenta de que está roto, probablemente se perderá.

En sentido figurado significa que una cosa se olvida, se descuida o se menosprecia.

Un «saco muerto» no parece en cambio querer decir nada en castellano, pero recuerden que en neoespañol no es necesario que las expresiones tengan significado.

Como variante de «saco muerto» se usa a veces «saco vacío». Aunque al echar algo en un saco vacío se produciría el efecto contrario a echarlas en un saco roto.

Sin abandonar la palabra «saco», veamos ahora un ejemplo combinando dos frases hechas:

«Estaba hecha un saco de nervios».

Que procede de las dos oraciones castellanas «Estar hecho un manojo de nervios», o sea, «estar muy nervioso», y «Ser un saco de huesos», «estar muy delgado». La unión de ambas expresiones en idioma aproximado significa sólo lo que diría la primera de las dos en español.

Si desean transmitir también la segunda idea en neoespañol, es decir, que alguien está muy delgado, pueden recurrir a la neofrase en cierto modo complementaria de la primera:

«Es un manojo de huesos».

Por otra parte, «manojo» (junto con su variante Tocar de oído «matojo», «Estoy hecha un matojo de nervios») es una pieza básica en cualquier puzzle neolingüístico, sobre todo para expresar estados de ansiedad. Una de esas palabras *comodín* de las que se ha ido y se va a ir hablando en otras partes de esta guía.

Así, pueden decir:

«Tenía el estómago hecho un manojo de nervios».

«La vi hecha un matojo de nervios.»

O una forma un poco más creativa:

«Sus manos eran un manojo de nervios».

.

Vamos a ampliar un poco más la categoría Combinatoria con otras aportaciones.

«Tenía la salud de un roble.»

Esta expresión sería bastante ilustrativa de la modalidad. Está formada por parte de la frase en español «Está como un roble», o «Es un roble» —para expresar la fortaleza extraordinaria de un sujeto— y parte de, en ese mismo idioma, «Tiene una salud de hierro».

Otro ejemplo ya con solera es:

«Me puso los dientes de punta ver su coche nuevo».

Mezcla de «Me puso los dientes largos», usado para decir que se envidia o desea con vehemencia algo que otro tiene —si algún neohablante experto está leyendo esto, tenga en cuenta que «dientes largos» tiene aquí un sentido figurado—, y «Me puso los pelos de punta».

He dicho «los pelos de punta», pero también podría ser «el

vello» lo que se pusiera de punta. No obstante, como podrán ver en otro punto de esta guía, en neoespañol «vello» ha perdido su cualidad lingüística colectiva y se usa ya siempre en plural, «los vellos».

Por otra parte, el idioma aproximado posee su propia y mucho más genuina manera de decir esa misma frase, y esta forma es «Se me pusieron los pelos de gallina».

Una expresión que cada vez adquiere mayor entidad en nuestro panorama lingüístico, especialmente de la pluma de algunos autores (de ambos sexos), es:

«La había arrojado a la boca del lobo».

Resulta de juntar «Arrojar a alguien a los leones» —algo que se hacía en origen con los antiguos cristianos y otros condenados en el mundo romano, usado ahora figuradamente para significar que se deja (o propicia) que alguien se enfrente solo a situaciones peligrosas, principalmente a otra gente— y «Meterse en la boca del lobo», o sea, enredarse en una situación difícil, en general por propia responsabilidad e innecesariamente.

Como se puede ver, y no es el único caso, la locución se forma a partir de otras dos que quieren decir cosas más bien contradictorias entre sí.

Pero hay que tomar nota de que las incoherencias, que en cualquier otra lengua podrían suponer una dificultad para la intelección, en neoespañol este posible inconveniente no cuenta y no hay por tanto que evitarlas ni deben ser un impedimento a la hora de construir una frase.

Lo mismo cuando los enunciados-madre de los que deriva la expresión no son sólo contradictorios, sino alejados o ajenos entre sí, como sería el caso de:

«Había que pararlos antes de que hincaran los codos demasiado y tuviéramos que llevarlos borrachos a casa».

Donde claramente se parte de «Hincar los codos», que es una manera coloquial de decir que se estudia con ahínco, y «Empinar el codo», que eso sí querría decir que uno se ha pasado con la bebida.

«Se lo contó todo con lujos y señales.»

Esta es una formulación ya habitual, sobre todo en algún diario estatal de gran tirada y hasta con libro de estilo, por lo que lleva camino de prosperar y pasar rápidamente al lenguaje coloquial.

Proviene de «Con todo lujo de detalles» y de «Con pelos y señales». En este caso el sentido de ambas frases es coincidente, por lo que podría considerarse una construcción de base redundante.

En la Combinatoria se dan también las *contracciones*, formadas por la fusión de dos palabras que de este modo se convierten en una sola, como en:

«Sucedió de improvisto».
Aleación de «imprevisto» e «improviso».

O bien:

«Esta pared necesita un manotazo de pintura».
Probablemente de «mano de pintura» y «brochazo».

Así como:

«Tenía una voz ostentórea».

Un pionero. De «estentóreo», «muy fuerte y potente», y quizá «ostentoso», un adjetivo que no se entiende mucho aplicado a la voz, algo que, como se ha indicado más arriba, no es óbice para que se use.

Y también existen las *falsas combinaciones*. Una muestra de las cuales podría ser:

«Este sitio no me gusta un comino».

En primera instancia cabría pensar que la oración proviene de «Me importa un comino» y de la frase coloquial «No me gusta un pelo». Pero como se verá, se trata de una suposición precipitada.

Si vamos a la expresión original en español, «Este sitio no me gusta nada», encontraremos el verdadero motivo de que se haya corrido a darle una elaboración pseudoneoespañola. Y ese motivo es la palabra «nada».

Ésta goza de muy pocas simpatías en general, sobre todo en

culturas latinas muy influidas por la anglosajona, en las que por lo visto no se acaba de entender por completo. Particularmente en expresiones como «No tengo nada que ocultar», dado que confluyen en ella dos negaciones «no» y «nada», que en la lógica inglesa se anularían.

Para ellos se debería decir, y de hecho ya se empieza a ver, bastante a menudo para lo raro que es: «Tengo nada que ocultar», o su correlativa «No tengo algo que ocultar».

De este modo, como el pájaro cuco, que deposita su huevo en nido ajeno, la solución ha sido disfrazar de construcción neoespañola una frase alternativa, para lo que se ha sustituido el proscrito «nada» por algo de tamaño mínimo, como es un comino.

En esta variedad Combinatoria, aparte de mezclar frases o comprimir vocablos, se produce también, como se ha dicho al comienzo del capítulo, la *sustitución* de una sola palabra, escogida en general con criterios de lógica, si bien neoespañola.

Así, se podría decir por ejemplo:

«Su imaginación cobró vuelos».
Por «cobró alas».

«No hay que construir castillos en el cielo.»
Por «castillos en el aire».

En ambos casos la palabra escogida está directamente relacionada con lo que se está expresando. En el primero, porque para «volar» es preciso tener «alas», y en el segundo, y demostrando tener bastantes conocimientos de Física, porque lo que llamamos «cielo» es en realidad el fluido gaseoso que conforma la atmósfera de la Tierra, es decir, el «aire».

La deducción lógica también es posible en:

«De esa manera te vas a atar la horca al cuello».

En castellano sería «Te vas a atar la soga al cuello», pero la horca, entendida como instrumento de ejecución, consiste en unos maderos y una soga, de modo que la sustitución, aunque ligeramente corrida en el sentido de desplazada, no se sale tanto en realidad del marco de significado que le corresponde.

Y, desde luego, entraría dentro de la lógica neoespañola más pura una expresión como:

«Con sus palabras le dio la vuelta a la sartén».

En español a lo que se le da la vuelta, cuando se quiere decir que se cambia el rumbo de algo, es a la «tortilla», pero es indiscutible que ésta se cocina en la «sartén».

O también:

«Si no haces lo que te digo, cortaré el grifo y no recibirás ni un euro más».

Dejando aparte que para cortar un grifo haría falta un fontanero, la inferencia en el sentido figurado es clara: cuando un grifo se cierra, se corta el agua, aquí como metáfora de dinero.

Pero en algunos casos la lógica chirría que da gusto. Por ejemplo en:

«Reprimió como pudo una nueva salva de lágrimas».

Una expresión que parece proceder por un lado de «salva de aplausos», que significa «aplausos nutridos en que prorrumpe la concurrencia presente en un lugar», y por otro tal vez de «acceso repentino de lágrimas, ataque de llanto».

Aunque en ambas circunstancias parece que se da una aparición repentina y abundante de algo, lágrimas o aplausos, no se acaba de ver demasiado la relación.

Ni desde luego en las frases:

«Iba tan peinado como una lechuga».

«Me aburro como un lirón.»

Vaya por delante que no soy una experta en lirones, por lo que no puedo descartar que este animal se aburra mucho —quizá por eso la tradición le atribuye largas horas de sueño—, pero veo más factible, aunque es una opinión meramente personal que no puedo sustentar en nada, que las que más se aburran sean las ostras.

Antes de pasar a los ejercicios, he aquí un minianexo incorporado al capítulo, que quizá les pueda ser de utilidad.

Frases hechas neoespañolas más frecuentes

«Llegó a la velocidad de un rayo.»
Por «Llegó como un rayo».

«Hay que arriesgar el todo por el nada.»
Quizá «Arriesgar el todo por el todo» parezca poco lógico.

«Se dio a la huida.»
Por «Se dio a la fuga», es decir, huyó.

«Mi sangre se me congela al pensarlo.»
Por «Se me hiela la sangre».

«Tenía los ojos inyectados en ira.»
O su variante:
«Tener los ojos inyectados en furia».
Por «Tener los ojos inyectados en sangre» en ambos casos.

«Me venía persiguiendo los talones.»
Esta frase en español es o bien «Me venía persiguiendo»,
o «Me venía pisando los talones».

Y la frase estrella de todas las aquí incluidas, por su solidez y
arraigo en nuestro entorno:

«Hemos firmado la pipa de la paz».
Por «Fumar la pipa de la paz», o bien «Firmar la paz».

CAMPANILLEO

Éste es una subvariedad de la modalidad Combinatoria y consiste en plasmar en una frase hecha neoespañola algo que se ha
oído vagamente, o leído por encima, o entendido sólo a medias.

La palabra «campanilleo» viene de la expresión en castellano «oír campanas» (con su segunda parte aclaratoria, «y no saber dónde»), es decir, «entender mal una cosa» o «tergiversar una información», según el *DRAE*.

Pero por si son seguidores de la Doctrina Oficial de la Corrección Política, o no quieren faltarles al respeto a quienes lo son, voy a procurar no aplicarle a un idioma un juicio de valor, como lo son los conceptos «entender mal» y «tergiversar» de la definición de la Academia.

Un enunciado sin duda mucho más neutro sería: «Oír campanas: interpretar una frase o idea de manera diferente a otros colectivos y expresarlas mediante una forma lingüística propia».

Como siempre, ilustraré la variedad con unos ejemplos, que irán de menor a mayor dificultad.

El más sencillo y extendido de todos probablemente sea:

«Agudizar el oído».

Por el «aguzar el oído» español, que significa «afinar la atención para comprender o percibir mejor algo».

Ambos verbos suenan muy parecidos, aunque, en relación con el oído, «agudizar» no quiera decir nada en ninguna de sus acepciones en castellano.

Otro ejemplo sería:

«No se puede manipular la espada de Cupido».

Cupido, una representación mitológica del amor en forma de niño, lleva arco y flechas, pero que yo sepa nunca ha tenido en su poder una espada. No obstante, si alguien ha «oído campanas» sobre que va armado y nunca ha visto ninguna representación de él, está en su derecho de interpretar que su arma sea una espada, una escopeta de balines o cualquier otra cosa.

Construir este tipo de frases suele resultar bastante fácil, pues se basa sobre todo en la imaginación de cada cual.

Ayuda también poseer conocimientos muy reducidos o incluso inexistentes sobre cualquier materia.

Cuanto más ligero el equipaje más sencillo les resultará elaborar expresiones como:

> «La campana llamaba a los crédulos a misa».
> Por los «creyentes».

O, sin salir del entorno religioso:

> «La misa estuvo oficiada por la orden de los dominicanos».

Esto no quiere decir que toda la República Dominicana en pleno haya tomado los hábitos, sino que se refiere a los «dominicos».

> «Sus palabras le habían dado en la llaga y no reaccionó bien.»

Lo que en este caso se habrá oído alguna vez en español será «Poner el dedo en la llaga», así como «Dar donde más duele». Esta última es una deducción por el «le habían dado» de la frase.

Se trata de una oración de dificultad media, igual que:

«Era un hombre de aspecto juvenil, pero cuyo pelo peinaba canas».

En español las canas las suelen peinar las personas, en general cada cual las suyas, pero no es descartable que, igual que, según la teoría darwiniana, entre los seres vivos la función acaba creando el órgano, las nuevas formulaciones lleguen a la larga a dar origen a nuevas capacidades en los objetos. Como sería el caso del pelo del ejemplo, peinando sus canas por sí solo.

Algo más complicada de elaborar es sin embargo:

«Esto va a durar el canto de un duro».

El duro es una moneda antigua española, pero en realidad se podría usar para el símil cualquier moneda, pues todas tienen los cantos muy estrechos.

La expresión en español es «Le ha ido del canto de un duro» y significa que ha faltado muy poco para que a alguien le sucediera algo.

En el ejemplo neoespañol se usa para expresar la corta duración de una circunstancia determinada.

Y, para terminar, un ejemplo de Campanilleo *con repique doble*, que denomino así dado lo dificultoso de la interpretación:

«El PSOE va a fracasar, porque está especializado en que le salgan enanos».

Por si no lo recuerdan, la frase en castellano que en este caso le habrá sonado a alguien antes de formular la mencionada es que «a uno le crecen los enanos». Tiene su origen en el mundo del circo, donde estas personas formaban parte del espectáculo, en virtud precisamente de sus características físicas.

Que crecieran de la noche a la mañana y cambiaran su estatura por otra mayor, siendo su corta talla la única diferencia con los demás artistas no enanos, debía de ser una catástrofe tan grande para el susodicho circo —que perdía así una de sus atracciones y, por tanto, una de sus fuentes de ingreso—, que incluso ha pasado al lenguaje común en su sentido figurado como expresión de mala suerte.

Es evidente que tanto el PSOE como cualquier otro partido son susceptibles de tener una mala racha, pero lo que no acabo de entender es por qué sería tan malo que a esa formación política le salieran enanos.

EJERCICIOS

(Hallarán las soluciones al final del capítulo.)[*]

Pese a que en esta modalidad no hay equivalencias en español estrictas o inamovibles, intente el estudiante sustituir la frase neoespañola por

- las dos de cuya mezcla proviene

- la palabra que habría sido reemplazada

o bien

- la frase vagamente percibida

que crea que podrían estar en el origen castellano de la misma. Si no lo consiguen no se desanimen. Por lo menos los ejercicios servirán para que se vayan familiarizando un poco más con la variedad de Combinación.

1. Siguió las indicaciones de la juez al pie de la <u>ley</u>.
    Siguió las indicaciones de la juez al pie de la __.

2. La vio reír a mandíbula <u>abierta</u>.
    La vio reír a mandíbula _____.

---

[*] Igual que en el resto de la guía, todos los ejemplos son reales.

3. Su evidente inexperiencia hizo que no <u>reparara</u> en la cuenta.

    _____.

    _____.

4. Nos va a <u>echar</u> de patitas en la calle.

    _____.

    _____.

5. Esto es para mí como un <u>bálsamo de aceite</u>.

    _____.

    _____.

6. Eso le hacía <u>perder los cabales</u>.

    _____.

    _____.

7. Fue para él como una <u>pedrada</u> en el estómago.
   Fue para él como una _____ en el estómago.

8. No merece la pena <u>quemarse</u> la cabeza con esto.

    _____.

    _____.

9. Yo no soy quien para enmendarte la <u>hoja.</u>
   Yo no soy quien para enmendarte la ____.

10. Predicaba <u>a voz de grito</u>.

    _____.

    _____.

11. Zanjó el asunto de golpe y <u>plumazo</u>.

   ———————————————————————.

   ———————————————————————.

12. Se había encerrado en <u>su concha de cristal</u>.

   ———————————————————————.

   ———————————————————————.

13. Lanzó a los <u>cuatro vientos</u> toda cautela.

   ———————————————————————.

   ———————————————————————.

14. La isla me cautivó desde que puse el <u>primer</u> pie en ella.

   ———————————————————————.

   ———————————————————————.

15. Las gaviotas <u>echaron el vuelo</u> al oír el ruido.

   ———————————————————————.

   ———————————————————————.

16. Era capaz de convencer a toda <u>persona viviente</u>.

   ———————————————————————.

   ———————————————————————.

17. Salió de la habitación <u>hecho una tromba</u>.

   ———————————————————————.

   ———————————————————————.

18. Le voy a arrancar <u>el pescuezo a tiras</u>.

_____.

_____.

19. Se le cayó el mundo <u>a los pies</u>.

_____.

_____.

20. Váyase a freír <u>gárgaras</u>.

_____.

_____.

21. No es por alterar tu plácida vida, pero sé de buena <u>fe</u>
    que Juan está preocupado.
    No es por alterar tu plácida vida, pero sé de buena __
    que Juan está preocupado.

22. La crisis hace que tengamos que apretarnos <u>los</u>
    <u>bolsillos</u>.
    La crisis hace que tengamos que apretarnos

    _____.

23. Había llegado el día de <u>inaugurar las puertas de su</u>
    <u>tienda</u>.

_____.

_____.

24. Su gesto tan cariñoso <u>la caló hasta los huesos</u>.
    Su gesto tan cariñoso _____.

25. Los turistas todavía <u>se hacen maravillas de</u> su esplendor.

_____.

_____.

SOLUCIONES

1. Letra. Seguir las indicaciones de alguien al pie de la letra es hacerlo sin apartarse ni una coma de lo que se le ha dicho. Aunque en este caso, al provenir esas indicaciones de una juez, parece lógico que se sustituya por algo más próximo a su profesión, la ley.

2. Batiente, que es «reír a carcajadas, con muchas ganas» (tantas que las mandíbulas «baten», se golpean unas con otras). Pero para hacer algo así sin duda hay que abrir la boca, por lo que lo de la mandíbula abierta se ciñe plenamente a la *suplencia con lógica*.

3. Mezcla de «Reparar en ello» y «Caer en la cuenta».

4. Combinación de «Nos va a echar» y «Nos va a poner de patitas en la calle».

5. Aquí nos hallamos ante una mezcla sin lógica entre «bálsamo» («Eso es para mí como un bálsamo»), algo que conforta y da alivio, y «balsa de aceite», como se dice figuramente de una reunión de gente o circunstancia muy tranquila.

6. Combinación entre «Perder los estribos» (más modernamente «los papeles») y «No estar en sus cabales», que significa «estar enajenado».

7. Patada.

8. Seguramente Campanilleo de «Calentarse la cabeza», frase que, pasada por el desenvuelto filtro del neoespañol, habría desembocado en «Quemarse la cabeza».

9. Es posible que se trate de un Campanilleo tras haber oído la expresión «Enmendarle la plana a alguien», que significa «corregirlo o hacer de una manera diferente lo que él ha hecho». Pero también puede ser que el autor de la frase sea un catalán hablando o escribiendo en castellano, dado que en esta lengua «hoja» (de libro) es «plana».

10. Mezcla de «A voz en cuello» y «A gritos». Quizá también cuente con una leve influencia de la expresión «Voz de mando».

11. Mezcla de «De un plumazo», que supondría haber zanjado el asunto de forma expeditiva, y «De golpe y porrazo», que para todas las personas de habla española significa «de golpe, repentinamente», dicho de manera enfática. Para todas las personas de habla española excepto para los

miembros de la Real Academia, en cuyo diccionario sólo se admite esta expresión en relación con las cerraduras que se cierran sin necesidad de llave.

Por lo que respecta a los «plumazos», tienen por su parte, y autónomamente del sentido de la expresión en castellano, diferentes aplicaciones neoespañolas, como en «Lo fulminó de un plumazo» (lo que en español se conoce como «Fulminar con la mirada»).

12. Mixtura de «Estaba metido en su concha», que significa tener una actitud misantrópica, no querer relacionarse con los demás, y «Estar encerrado en su torre de marfil», que quiere decir permanecer aislado. El cambio del marfil por el cristal es una aportación exclusiva e innovadora del español aproximado.

13. Mezcla de «Lanzar (o saltar) algo por los aires», en sentido figurado «hacerlo estallar», y «Proclamar algo a los cuatro vientos», que es «difundirlo por todas partes».

Los cuatro vientos aluden en realidad a los cuatro puntos cardinales. En nuestra parte de mundo los vientos son ocho.

14. Esta frase, que parece formada a priori por la combinación de «Desde que pisé la isla por primera vez» y «Desde que puse un pie en ella», es en realidad una falsa combinación para no usar el artículo indeterminado «un», con el que se habría formulado la idea en español: «La isla me cautivó desde que puse un pie en ella».

15. Unión de «Alzar el vuelo» y «Echar a volar». Se trata de una mezcla redundante.

16. Combinación entre convencer a «cualquier persona» y a «todo bicho viviente», que a su vez significa «a toda persona», por lo que la mezcla se podría considerar asimismo redundante. Por otra parte, si la persona no fuera viviente no se la podría convencer de nada.

17. De «En tromba» y «Hecho una furia». La primera, por «entrar o salir de un sitio con fuerza y arrebato». Y la segunda, «enfadado».

18. Nueva combinación redundante, dado que las dos oraciones que la forman indican violencia: «Arrancarle a alguien la piel a tiras» y «Arrancarle el pescuezo».

19. «Se le cayó el mundo encima» y «Se le cayó el alma a los pies» en español significan más o menos lo mismo y ambas denotan abatimiento.

20. Una composición que prospera con rapidez, hecha a partir de «Freír espárragos» y «Hacer gárgaras», las dos para expresar desprecio y rechazo.

Sería posible también que en «freír gárgaras» se tratase de evitar asimismo el verbo «hacer». Pueden ver el fenómeno de la sobrecorrección de éste en el anexo «El neocatalán» del capítulo «Traducciones».

21. Tinta. «Saber algo de buena tinta» es saberlo de una fuente fidedigna.

    He escogido este ejemplo entre los cientos (el número es literal) posibles porque me parece que ilustra un fenómeno curioso que se está dando en neoespañol, y es el aparente rechazo a la palabra «tinta» en este tipo de expresión.

    Es posible que en la era digital el hecho de que las cosas tengan su origen en un tintero no se acabe de entender, pero ¿por qué no entonces suplir «tinta» por «fuente», pongamos por caso?

22. «Apretarse el cinturón» tiene el sentido de verse obligado a reducir gastos por escasez de medios, algo que sin duda repercute en la situación de los bolsillos de los ciudadanos, que estarán, en consecuencia, menos llenos.

    El ejemplo es una formulación casi de neoespañol puro. Lo que resulta más extraño es que, entre otros periodistas económicos de diferentes cadenas televisivas que la usan con normalidad, la emplee también la presentadora de una cadena nacional, mujer bastante profesional, que hasta ahora no había demostrado tener ninguna habilidad ni especial predisposición hacia la nueva lengua. Es de suponer que, por un lado, cuenta con redactores más avezados en ésta que ella, y, por otro, confirma que la facilidad de contagio del español aproximado es imparable.

23. De «inaugurar» la tienda y «abrir» las puertas de la misma.

24. Por deducción, la frase debe de querer decir que el gesto cariñoso del otro sujeto de la oración «caló en ella, la emocionó profundamente». Tal vez por aproximación con esta idea y para darle mayor énfasis, se ha buscado una fórmula que significa que algo penetró muy hondo.

25. Y para el final la más ardua de todas, porque para comprenderla cabalmente se requiere cierto grado de cultura antigua, dado que en su formulación interviene una muy carpetovetónica locución: «Hacerse lenguas de algo (o de alguien)», que quiere decir alabar ese algo o a ese alguien encarecidamente, combinada aquí con la más sencilla expresión «maravillarse» ante algo.

6

Ristras

Las Ristras comportan un alargamiento de las frases, pero no están incluidas en «Antieconomía del lenguaje» porque ese alargamiento no es deliberado, sino más bien casi un reflejo involuntario.

Entre ciertos individuos que se expresan en neoespañol en su trabajo se da a veces una fijación auditiva o visual que hace que, inevitablemente, cuando dicen o escriben determinadas palabras, éstas tiren de otras —siempre las mismas—, siguiendo un patrón por ellos conocido y a menudo reconocible también para los demás, aunque no seamos capaces de ceñirnos a él en la misma medida.

Las explico en un breve capítulo propio porque constituyen un concepto distinto. Uno que por otra parte no se puede aprender, por lo que, a no ser que posean de manera innata ese don, no podrán poner en práctica la modalidad.

Veamos algún ejemplo. Como este de una biografía.

«Nos acabábamos de prometer. Yo nunca había conocido a nadie tan bueno y él a mí me adoraba. Nada podía borrar la atracción fatal que sentíamos el uno por el otro.»

Según se ve por el contexto, esta atracción difícilmente se podría calificar de «fatal», pero desde la película de ese título, con Glenn Close y Michael Douglas, rara es la vez en que ese adjetivo no acompaña al nombre.

Lo mismo que sucede con las palabras «calma» y «total», conjunto que procede asimismo de una película, *Calma total*, con Nicole Kidman y Sam Neill.

«Lo dijo con una supuesta calma total.»

Pero no todos los ejemplos provienen del cine, por el contrario, las fuentes son numerosas y variadas y seguramente las reconocerán todas.

«Recibir ese anillo fue una amarga sorpresa. Éste sólo se le enviaba a la familia en el momento de la muerte anunciada.»

Si fue una sorpresa, la muerte no podía estar anunciada, pero desde el libro de García Márquez, mucha gente asocia indisolublemente ambos términos.

«Mi saludo fue tan apasionado, que pareció más una declaración jurada que un saludo.»

«Guardó un minuto de silencio antes de mirarla y responder a su pregunta.»

En esta oración bastaría con decir que «guardó silencio», o «un momento de silencio», pero está visto que la atracción de la Ristra es irresistible.

Igual que en:

«Lo tengo grabado a fuego lento en mi interior».

«No puedo cambiar los hechos consumados.»

«Lo sabía más allá de cualquier duda razonable.»

Unas chocan más que otras, aunque el denominador común es que en todas hay una palabra que sobra.

Veamos ahora una frase más desconcertante que las anteriores:

«La chica temblaba como una hoja de papel».

Cuando se usa el símil «Temblar como una hoja», la hoja mencionada siempre se da por supuesto que es la de un árbol, no un folio. Aunque la elección da que pensar. Porque sugiere que la existencia del neoespañol no sólo es posible por una mala asimilación y fijación de la lengua materna, sino también por una insólita y particular percepción y representación del mundo que nos rodea.

«El viento cambió de dirección sin cita previa, sorprendiéndolos.»

Lo que se diría en español sería que el viento cambió de dirección «sin previo aviso».

«Se quedó allí el tiempo justo y necesario para hacerlo.»

Aquí lo que se intuye es una cierta contaminación religiosa, pues la frase suena casi igual a una que se dice colectivamente en algún momento de la misa: «Es justo y necesario daros gracias, Señor».

«Pese a la alarma social que eso había producido en su mujer, él no cedió.»

Para terminar, veamos un subgénero de las Ristras: las *palabras-lapa*.

Son aquellas que indefectiblemente se quedan pegadas a otras y aparecen siempre juntas en cualquier frase.

Una muy clara y que todos hemos podido ver y oír en casi todos los libros, así como en cine y series apenas sin salvedad es «asquerosamente» acompañando a «rico»: «Es asquerosamente rico», se dice o escribe.

Como curiosidad, esto se da sólo cuando el sujeto es masculino. Nunca leerán u oirán «Es asquerosamente rica».

Otra palabra de este tipo es «plantar» acompañando siempre a «besos», que ya nunca se «dan». Aunque el beso sea suave y delicado y no se corresponda con el gesto contundente que sugiere el verbo «plantar», o su próximo, «estampar», que a veces lo sustituye.

Y, para terminar, una última muestra, en este caso de *frase-lapa*.

Seguro que la han oído muchísimas veces, porque es omnipresente. Con ella se responde indefectiblemente a cualquier grosería o brusquedad que un personaje le diga a otro por hablado o escrito. Como cuando alguien entra en una casa y, sin saludar, le espeta por ejemplo al que lo recibe: «¿Dónde te habías metido?». O dos amigos se encuentran en la calle y uno le suelta al otro: «Te dije que no quería verte nunca más».

A ese tipo de situaciones verán que se contesta siempre con: «Yo también te quiero». O bien con su variante: «Yo también me alegro de verte».

7

Traducciones

Hasta ahora hemos visto los rudimentos gramaticales del neoespañol, así como los préstamos hechos a esta lengua por su lengua madre, el español. En este capítulo analizaremos la contribución de otros idiomas, muy especialmente el inglés, pero también el francés, que, aunque también sea lengua romance, como el español, tiene sus propias particularidades, a priori no trasladables literalmente a otras hablas.

En este capítulo pretendo también rendir un modesto homenaje a muchos traductores, personas que, a través de su trabajo en editoriales, agencias de noticias, estudios de doblaje o subtitulado de películas y series y muchas otras tareas, tanto han contribuido al importante auge que hoy vive el neoespañol.

Me gustaría incluir asimismo a los traductores de las instrucciones de los electrodomésticos, pioneros que en un entorno hostil escribieron ya frases enteras en una lengua por entonces casi desconocida e incomprensible para la gran mayoría. No obstante, debido a lo celosamente que han mantenido el anonimato, ni siquiera después de tantos años está claro quiénes eran o si tal vez sólo se trataba de máquinas de traducción.

Y, por supuesto, en este reconocimiento no podían faltar los sistemas de traducción de Google y similares, coautores del trabajo de muchos de los traductores humanos actuales y, junto con ellos, responsables de esta particular faceta del neoespañol tan importante, que se nutre de los modos de expresión extranjeros.

Veamos algunas muestras de su trabajo:

«La mesa estaba adornada con una carpeta amarilla, seguramente tejida por la joven».

«Carpeta» como traducción de «*carpet*», que en inglés significa tanto «tapete» como «alfombra o moqueta».

Y también del inglés:

«Ese hombre adusto era el responsable de la guilda de su ciudad».

En una castellanización de la palabra «*guild*» que significa «gremio».

El siguiente ejemplo proviene del francés:

«Los zuecos de los caballos resonaron en el pavimento».

En esta lengua «*sabot*» tanto significa «casco» como «zueco», pero, por lógica, un caballo tendría un «casco», no un «zueco». Aunque es muy probable que el traductor de Google carezca de discernimiento para distinguir sutilezas como ésta.

Hay por otra parte expresiones procedentes de estas lenguas extranjeras que han quedado ya incorporadas al neolenguaje de manera permanente.

Empezaré por las que llevan ya tanto tiempo conviviendo con el español que no sólo todo el mundo ha podido oírlas o leerlas sino seguramente usarlas ya con toda normalidad.

«Perderlo me produjo una enorme miseria.»
Por «*misery*» en inglés, que aunque también pueda ser «miseria», en este contexto sería «pena o tristeza».

«El ladrón de la moto fue condenado a tres meses por ese crimen.»

El también inglés «*crime*» en español no sería «crimen», sino «delito», quedando el primero reservado en nuestro país para los delitos de sangre. Aunque, ni que decir tiene, la Real Academia se haya apresurado ya a aceptarlo como sinónimo de «delito».

No ha sucedido todavía así con «tributo» en el sentido de «homenaje», aunque se oiga por doquier, en especial en medios informativos. En inglés, «*tribute*» tanto es «tributo» como «homenaje», mientras que en español el primero únicamente tiene que ver con las cargas fiscales.

«Toda la ciudad rindió tributo a su hijo predilecto.»

A bote pronto, esta frase remitiría a Hacienda, y se podría entender que ese hijo predilecto se dedicaba a recaudar los impuestos de sus conciudadanos.

Es muy común también traducir o usar el «*copy*» inglés para sustituir «ejemplar» en castellano.

«Si bajas al quiosco, súbeme una copia del diario.»

«De este libro se han vendido muchas copias.»

Y seguramente no habrá serie o película, buena o mala, en la que no haya aparecido «ático» por «desván». Del inglés «*attic*». (Para decir «ático», ellos utilizan la palabra «*penthouse*».)

«Guardaba los trastos viejos en el ático.»

Hubo incluso una novela de los años ochenta, con versión cinematográfica del mismo nombre, que se llamó *Flores en el ático*. Sobre unos niños encerrados en el desván de su casa.

Hay muchos más ejemplos, y seguramente ustedes mismos los tienen presentes, pero ha habido algunas palabras anglosajonas que han marcado de manera especial un antes y un después en la evolución del neoespañol.

Quizá la principal, que llegó a nuestras vidas con la fuerza de la tragedia, sea «colapsar», de «*to collapse*» en inglés, un verbo que en español se traduciría por «derrumbarse, desmoronarse». («Venirse abajo» en neoespañol.)

Mientras todo el mundo seguía con el alma en vilo por televisión los atentados contra las Torres Gemelas y las angustiosas horas que siguieron, los periodistas que lo estaban retransmitiendo para España se pasaron esas mismas horas advirtiéndonos de que las torres «iban a colapsar» y luego, cuando la desgracia estuvo consumada, diciéndonos que «habían colapsado».

Desde entonces, este anglicismo ha ido encontrando su camino entre nosotros, con las adaptaciones lingüísticas normales de todo recién llegado. Hasta que hoy en día es corriente verlo, además de con su uso primigenio, es decir, aplicado a derrumbes literales diversos, también en sentido figurado en expresiones como:

«Estaba agotado y nada más llegar, colapsó sobre el sofá y se quedó dormido».

«—¡Vaya! —exclamó, colapsándose sobre ella.»

Desambiguación: en ninguna de las dos frases del ejemplo este verbo tiene el sentido que se le habría dado en español, es decir, «sufrir un colapso físico», «tener un ataque», ni, por supuesto, se refieren tampoco a ningún atasco de tráfico.

No quiero decir con esto que los periodistas que retransmitieron esa desgracia sean los únicos responsables de la deriva de la palabra inglesa, pero sí fueron quienes dieron el pistoletazo de salida para que se reunieran todas las aproximaciones que estaban pululando aquí o allá, como sucede cuando las estrellas empiezan a concentrarse en un punto del universo, atraídas y luego absorbidas por la elevada densidad de un agujero negro.

Otra expresión que deben incorporar sin tardanza a su vocabulario neoespañol es «algo», traducción directa de «*something*», que ha venido a sustituir a la frase castellana «una cosa» o bien al pronombre «lo», o a nada, porque sea innecesario.

Les pongo unos ejemplos para que lo vean más claro.

«Mira, Jane, te advierto algo: no voy a dejar que me engañes de nuevo.»

Lo que en español habría sido: «Mira, Jane, te lo advierto: no voy a dejar que me engañes de nuevo».

«Dime algo: ¿te lo imaginabas así?»

En lugar de «Dime: ¿te lo imaginabas así?».

«Te voy a decir algo, Francis, no tenemos ninguna posibilidad de salir de ésta.»

Igualmente: «Te voy a decir una cosa, Francis, no tenemos ninguna posibilidad de salir de ésta».

Quizá la explicación sea que muchos de los que traducen, sobre todo para medios audiovisuales, pertenecen a ese grupo de personas que, como se veía en el capítulo «Artículos determinados e indeterminados y concordancia de género y plurales», no acaban de entender el artículo indeterminado. Una manera fácil de evitar este tipo de artículo acompañando a «cosa» habría sido eliminarlo de la ecuación.

También pueden adoptar sin más dilación «Entrar en pánico», o en general «entrar» en cualquier emoción o sentimiento: «Entrar en cólera», «Entrar en desconcierto», «La multitud entró en desesperación».

Deriva del inglés «*to go into*». Sea en «*panic*» u otra cosa. Lo que en castellano es «Sentir pánico», «Tenerle pánico a algo», «Sentirse aterrorizado».

Un cambio menor que no les resultará muy complicado y que, dada su implantación, los hará avanzar varias casillas en el tablero del aprendizaje, es abandonar la palabra «sentimientos» en favor del calco del inglés, «emociones».

«No tiene buenas emociones.»

«Es amor, tú nunca has experimentado esa emoción.»

«Tenía profundas emociones por él.»

Hay también dos expresiones que se han incrustado en el nuevo idioma con fuerza: «Ponerse en sus zapatos», para sustituir a la locución española «Ponerse en su lugar, o en su pellejo». Hubo incluso una película con Cameron Diaz que se llamó así, *En sus zapatos*.

Y más recientemente: «Eres un bueno para nada», por «eres un inútil». Aunque en este caso los primeros traductores de la formulación quizá no supieran demasiado inglés, dado que «*good-for-nothing*» significa en realidad «imbécil».

Sea como sea, ustedes memorícenlo con el sentido de «inútil», que es como se viene usando en neoespañol.

«—¡No digas que mi hijo es un bueno para nada! Sólo lo dices para ofenderme.»

«Ese hombre es un bueno para nada y ten por seguro que te hará muy infeliz.»

Una expresión todavía no muy extendida, pero que va adquiriendo cada vez más presencia es:

«Jurar para el cuello de su camisa».

Proviene de «*to swear under his breath*» y en realidad quiere decir «jurar en voz baja» o, traducido muy libremente, «mascullar». Pero por alguna lógica que en este momento se me escapa, quizá por el gesto físico de la barbilla bajada, la locución se ha convertido en la mencionada más arriba, con el cuello de la camisa de cada cual como destinatario de sus juramentos.

Y por último una frase muy reciente, cuya difusión debemos a un ministro de Exteriores —alguien que, por otra parte, hasta ahora no había demostrado poseer demasiados conocimientos de neoespañol—, es «un cese el fuego», del inglés «*ceasefire*», por «un alto el fuego» en castellano.

Dado el entusiasmo con que la expresión ha sido acogida y repetida por todos los diarios, radios y televisiones, incluso a propósito de otros conflictos distintos al mencionado por el susodicho ministro, es de prever que pase a ser incorporada con carácter permanente.

Para terminar, un apunte para aquellos de ustedes que se dediquen a la traducción de manera profesional:

No olviden dejar sin traducir los topónimos «Flanders», «Cornwall» y «Bavaria».

En español siempre han sido «Flandes», «Cornualles» y «Baviera», pero deben tener en cuenta que en neoespañol ya no es así.

Y una observación:

Aunque quizá algunas de las elecciones de traducción aquí incluidas no acaben creando escuela, ni incorporándose por tanto al idioma aproximado, sí cabe destacar una tendencia que parece general, y es el incondicional refugio que editoriales de todo tipo brindan a la clase de traductores que las inventan y propagan, así como la indulgencia con que éstos son tratados por ellas, después de infinitos trabajos a rebosar de constantes aportaciones como las referidas en el capítulo y las que se recogen en los ejercicios.

· EJERCICIOS

Dado que en este caso no sería adecuado poner frases para cuya comprensión cabal tuvieran que buscar el significado de las palabras en otros idiomas, sustituiré los ejercicios propiamente dichos por algunas traducciones en neoespañol, con su correspondiente versión española.

Quiero señalar que, así como los ejemplos anteriores están sacados de medios y traductores diversos, los que siguen se deben única y exclusivamente a grandes del oficio, a profesionales que sólo trabajan para las más reputadas editoriales o que pertenecen a las agencias de traductores más bien consideradas, utilizadas, entre otros, por ilustres cabeceras de diarios de ámbito estatal.

«Súbitamente nervioso, se levantó para *dar los cien pasos.*»
«*Faire les cent pas*», en español «caminar arriba y abajo».
Tengan cuidado con esta última frase si trabajan en comandita con el traductor de Google, porque éste la cambia automáticamente por «arriba y *debajo* de la habitación», algo todavía imposible de llevar a cabo en el plano físico.

«Se llevaban a matar, como *Montecchi* y Capuletos.»
Estos Montecchi neoespañoles quizá les suenen más como los Montesco, de la obra de Shakespeare *Romeo y Julieta.*

134

«Soy *Warden* Grant, el responsable de la prisión.»

Un *«warden»* es el alcaide de la prisión, como seguramente sabe todo el que ha visto películas carcelarias americanas de hace años, aunque ahora en muchas de éstas, así como en series, se haya convertido en un nombre propio.

Si son traductores de doblaje o subtitulado lo pueden adoptar sin miedo, pues es ya de uso bastante común.

«El director del diario estaba esperando a los *visitantes nuevos.*»

Por *«newsmen»*, que en castellano significa «periodistas» o «reporteros».

«Absorta en sus pensamientos, se había cruzado *con Seine* sin darse cuenta.»

Lo que en realidad había hecho esta protagonista absorta era «cruzar el Sena».

Aunque con este río parece que siempre hay un poco de confusión, porque otro traductor, en este caso traductora y del inglés, dice que a una joven

«Se la vio regresar por la *orilla correcta* del Sena».

De «Right Bank», la traducción inglesa para «Rive Droite», un nombre propio que en general no se traduce y que se refiere a un tramo de la orilla derecha del río.

«Era un hombre muy guapo, pero *de barbilla ausente.*»

En español, este hombre tan guapo sí tendría barbilla,

aunque al ser «*chinless*», adolecería de «falta de carácter, falta de personalidad».

«Decidió ir a la cafetería y comerse un *pie* de manzana.»
Un «*pie*» inglés en español es un «pastel o tarta de manzana».

«—Quizá ella fuera *naif*.
»—Tienes razón, era *naif* incluso tras tantos años en la policía.»
«*Naïf, naïve*». En español «ingenuo, ingenua».
Aunque el *DRAE* recoge la palabra «naif», ésta se refiere únicamente al estilo pictórico o a lo relacionado con él.

«Le había *cortado el corazón.*»
«*To cut at his heart.*» En español: «Herir en lo más vivo».
La frase en neoespañol, que a priori suena un poco gore, proviene de la traducción de un libro juvenil que no pertenece a ese género sangriento, ni tampoco al esotérico.

«Su cabeza era una *hamaca* de color manteca.»
Lo que leemos en inglés es que la cabeza de esa persona tenía un «*hummock*», es decir, una protuberancia.

«Era la caverna de aquel *sacripante* de Alí Babá.»
«*Sacripant*». En español «pillo, bribón».

«Estaba viendo que *le habían robado el trueno.*»

«*Finding his thunder stolen.*» En español «adelantarse a uno, robarle a uno una idea».

«Se marchó de allí para no atraer las *fulminaciones* del sindicato.»
«*Pour ne pas s'attirer les foudres du syndicat.*» En español «las iras del sindicato».

Es imposible memorizar todo esto, pero con lo que principalmente se tienen que quedar, sobre todo si desean dedicarse a la traducción de manera profesional, es con la idea de que arrojo y desparpajo nunca sobran. Y de que en cambio sí está de más consultar diccionarios, sean éstos en papel u online.

Esto respecto a lo que depende de ustedes. Después deberán contar también con algo que no está en su mano, pero que en el momento actual no es difícil de encontrar: unos superiores (editor, jefe de redacción, de agencia, etc.) que o bien dominen ya el español aproximado, o bien desconozcan el español. O ambas cosas. Por supuesto, huelga decirlo, que desconozcan asimismo cualquier otra lengua.

Anexo: el neocatalán

No hace mucho tiempo, un ministro de Cultura dijo que quería «españolizar Catalunya», en la creencia —errónea— de que la lengua española todavía era capaz de colonizar nada, sin darse cuenta de que ella misma había sido colonizada desde dentro.

Ahora, a rebufo de la progresiva desaparición del castellano, devorado por el neoespañol, se está dando un proceso inverso a la pretensión del ministro, uno que podría llamarse de «catalanización de España».

No sé si han observado que fuera de Catalunya la gente «pliega», por «termina, acaba» de trabajar, «se gira», por «se vuelve, se da la vuelta» cuando los llaman, se «estiran», por se «tumban, se acuestan» un rato en la cama para «hacer la siesta», por «dormir o echar» una siesta; o hay cosas que «les saben mal», es decir las «lamentan», o bien «les hacen ilusión», por «los ilusionan, los ponen contentos».

Por citar sólo unos pocos ejemplos.

Esta influencia podría tener su origen en el importante peso de las editoriales catalanas, especialmente de Barcelona, en el sector, así como en que muchos de los estudios de doblaje y una gran mayoría de actores dobladores son catalanes.

A esto hay que añadir que en las editoriales catalanas que publican libros en castellano —entre las que se cuentan algunas de las de mayor peso de la industria—, como en las de toda España, el neoespañol ha penetrado con fuerza, afectando sobre todo a los responsables de controlar la calidad de la lengua en la que se publica.

De este modo, los traductores y escritores en castellano de

esa comunidad contribuyen también a la fortaleza y desarrollo del neoespañol con su propia idiosincrasia, participando como quien más en la disgregación de la lengua madre.

Una de sus principales aportaciones, ya tradicional, además de las mencionadas más arriba, sería la del verbo «hacer», un importantísimo auxiliar del catalán.

Así, no resulta difícil leer u oír frases como:

«Tendrías que hacer el primer paso».
Por «Tendrías que dar el primer paso».

«La joven hizo una expresión de pánico.»
Por «La joven puso (o adoptó) una expresión de pánico».

«Hace ver que no me oye.»
Por «Finge que no me oye».

En cambio sí se puede decir que se le «hace ver» algo a alguien, en el sentido de que se le señala o destaca.

Pero precisamente porque en esa comunidad autónoma en general se es muy consciente de qué pie se cojea lingüísticamente hablando, cuando se usa el castellano se tiende a la sobrecorrección.

Muchas personas, catalanas y de otras zonas del Estado, creen que el verbo «hacer» denota siempre catalanismo, por lo que no lo emplean ni siquiera cuando es necesario, dando lugar a expresiones como:

«No debes ejercer juicios de valor».

«Se aplicó un corte en la mano derecha sin darse cuenta.»

«Le propinó una suave caricia.»

«Se marchó dando inútiles aspavientos.»

Dentro de esta misma categoría se da también la eliminación del verbo «hacer» sin sustituirlo por nada, conjugando lo que queda en la frase en el tiempo en que debería estar conjugado «hacer».

«No era eso lo que le hervía la sangre.»
Por «No era eso lo que le hacía hervir la sangre».

«Esa perspectiva volvió a florecer la confianza en sus ojos.»
Por «Esa perspectiva volvió a hacer florecer la confianza en sus ojos».

8

Neologismos

Como cualquier otro idioma, el español aproximado tiene su propia cuota de neologismos, o sea, nuevas palabras con las que se pretende decir de una manera distinta lo ya existente. Otras veces se hace necesario inventarlas porque lo que se nombra es nuevo.

El neoespañol es extraordinariamente rico en este tipo de vocablos, sobre todo en su primer sentido, el de re-nombramiento, algo hasta cierto punto normal por dos motivos.

Uno: es la lengua de la libertad, la que todo lo admite. Una que no posee normas ni gramática ni corpus de conocimientos institucionalizado, como podría ser el que representa la Real Academia para el castellano.

Y dos: proviene directamente de la lengua española, a la que está sustituyendo en un período de tiempo muy corto, tanto desde el punto de vista histórico como absoluto. Y cuanto más cerca se está de aquel a quien se sucede, más interés y necesidad se tiene de hacerlo desaparecer, para cumplir así el rito psicológico de matar al padre.

Vean unos pocos ejemplos de neologismos neoespañoles para ilustrar brevemente el capítulo.

«El hombre tosiqueó.»
Por «tosió».

«No había jactación en su semblante.»
Para sustituir a «jactancia».

«Lo que le dijo le derrapatinó por dentro.»
¿Quizá le «resbaló» por dentro?

«Tenía que emplearse a fondo para que su proyecto fructiferara.»
Por «fructificara».

«Te ruego que te apiades de mí y de mi erronía.»
Se supone que por «error».

«Tenía una falsa desingenua.»
Aquí ignoro si lo que quiere decir es que tenía una falsa ingenuidad o una falta de ésta.

«Era muy buen dibujista.»
Para decir «dibujante».

«Esbozó una sonrisa lobezna.»
Por «lobuna», supongo. Aunque «lobezno» es el cachorro del lobo, así que quizá se refiera a una sonrisa infantil en el medio animal.

«Fuimos a un restaurante vietnamés.»
En lugar de «vietnamita».

Y luego está la destacable aportación a este campo de los oriundos de países de Sudamérica, una contribución que aunque se basa en palabras incluidas en el Diccionario de la Academia (cuyo nombre debería pasar a ser ya «Diccionario de la Lengua Española y Latinoamericana»), para la mentalidad española son a todos los efectos neologismos.

Por supuesto, me refiero a algo más que «morirse de [la] risa», «chocarse» (en vez de «chocar») con alguien o algo, «pasar [por] entre la gente», «desparecer» por «desaparecer», «ser parte» por «formar parte», el omnipresente «agarrar» debido a la anatematización de «coger», o «eventualmente» usado en el sentido de «finalmente, o con el tiempo», como en inglés, y no como «incierta o casualmente», como en español.

Como ilustración de este último uso diverso, la frase «Está muy malherido, eventualmente morirá», en latinoamericano querría decir que el malherido acabaría muriendo, mientras que, en español, leerla u oírla provocaría un cierto desconcierto o bien daría lugar a la esperanza, pues querría decir que el herido tal vez muriese o tal vez no.

Los neologismos latinoamericanos a los que me refiero son más bien desconocidos en España, como:

«La mujer llorisqueó desesperada».

Que es como en Uruguay dicen «lloriquear», o sea, «llorar sin fuerza y sin demasiada causa», algo que en español en principio nos resultaría reconocible, pero no acompañado de la palabra «desesperada», con la que esa manera de llorar aparentemente entraría en contradicción.

«Por mucho que te esfuerces, no puedes alivianar mis preocupaciones.»

Y asimismo el verbo «rostizar».

«El dragón trató de rostizarlo con sus llamas.»

«En el banquete sirvieron pichón rostizado y pechuga de ternera.»

«Rostizar» significa «asar», especialmente carne, un sentido que por contexto se podría llegar a deducir en español.

Lo que quizá desconcierta un poco más a un castellanohablante en la frase es lo de «pechuga de ternera», dado que en España las terneras no son aves.

9

Antieconomía del lenguaje

Cualquier idioma tiende siempre a la economía, como se ha visto a lo largo de los siglos en la evolución de las lenguas, que se han vuelto cada vez más ágiles y precisas.

Sin embargo, eso no quiere decir que durante ese proceso éstas se simplifiquen o empobrezcan, sino sólo que se hacen más eficientes para alcanzar su objetivo último de expresar y servir de herramienta para la comunicación.

Pero no sucede lo mismo con el neoespañol, sino más bien todo lo contrario. Quizá por su relativamente poco tiempo de vida es todavía un habla que prefiere el circunloquio y la repetición, aunque no se puede descartar que a la larga vaya avanzando hacia una mayor ligereza dentro de sus características propias.

Sea como sea, ese momento aún no ha llegado y en nuestro aprendizaje debemos ceñirnos a lo que es hoy la realidad.

Aunque determinadas personas y culturas están más dotadas que otras para los rodeos, los giros, las digresiones y, en resumen, una mayor verbosidad en la comunicación, verán que la Antieconomía es un mecanismo neoespañol al alcance de todos, y que resulta muy fácil de asimilar una vez se conoce la base del mismo.

Como su nombre indica, es exactamente lo contrario de la economía y consiste en alargar las frases lo máximo posible y por los medios que sea.

Se puede hacer, por ejemplo, desmenuzando en el relato o la conversación cada cosa y cada acción hasta el infinito, como en «Levantó el auricular de la horquilla del teléfono, se lo acercó a la oreja y, aproximando la yema de los dedos a la tecla de cada número, las presionó sucesivamente hasta completarlo». (Formulación que le debemos a un consagrado escritor de novela.)

A bote pronto puede parecer difícil y que precise de un gran vocabulario, pero tengan por seguro que aunque el suyo no sea rico, difícil no será. Porque otra de las numerosas ventajas de este idioma es que, para alargar, se pueden repetir las mismas palabras una y otra vez, incluso en la misma frase, así como recurrir al valiosísimo método de la redundancia siempre que la ocasión lo demande, o simplemente porque así lo desee el hablante.

Véase un ejemplo:

«Se va a otorgar la concesión del codiciado premio».

«Otorgar» y «conceder» significan lo mismo, por lo que, en español, con uno solo de los verbos habría bastado. «Se va a conceder (o se va a otorgar) el codiciado premio.»

Se podría decir por tanto que la modalidad se basa sobre todo en dos pilares: el *alargamiento* y la *redundancia*, esta última puesta siempre al servicio de la prolongación.

En este capítulo de la Antieconomía no siempre incluiré la

146

traducción en español, porque la complicación del recurso no radica en su comprensión, que no suele ofrecer dificultades, sino en lo hábil que se sea a la hora de dilatar las frases.

Empecemos por el *alargamiento* y para ello veamos el verbo «parpadear», que, referido a los ojos, significa «abrir y cerrar los párpados repetidas veces».

Una frase antieconómica con este verbo podría ser:

«Vivian abrió y cerró los párpados de los ojos varias veces».

Lo que en castellano habría sido un escueto «Vivian parpadeó».

Analicemos un momento la oración neoespañola. Por un lado, sabemos que los párpados pertenecen a los ojos y en qué consiste la acción de «parpadear», por lo que no hace falta especificar «los párpados de los ojos», ni «abrió y cerró los párpados». Por otro lado, el propio gesto comporta repetición, por lo que tampoco haría falta decir que se lleva a cabo «varias veces».

He escogido esta frase, que se podría considerar un poco demasiado elaborada para este momento inicial, porque quería que vieran el recurso en toda su amplitud de posibilidades, aunque para empezar es mejor hacerlo con expresiones más sencillas, como las que voy a exponer a continuación.

Pero para ir adentrándonos de paso en la inmersión, usaré en ellas el verbo neoespañol. Es decir, «pestañear» en sustitución de «parpadear», pues éste en aproximado no existe.

«Gerard pestañeó los ojos.»

«La niña me miraba pestañeando los ojos.»

El físico humano es especialmente propicio para las ampliaciones, sin contar con que siempre puede enriquecerse con el uso de los posesivos, que, aunque poco, algo añaden.

Véase como muestra:

«Bajó los ojos a sus manos, que sostenían las manos de ella, que lo miraba con ansiedad con sus dos ojos».

«El militar apretó un músculo en el lateral de la mandíbula derecha de su cara.»

Lo que en español habría sido: «El militar apretó la mandíbula».

También, como se ha indicado más arriba, se puede recurrir a describir cualquier acción con todo detalle.

«Acercó su cuerpo a la mesa, y una vez estuvo delante de la misma, probó con su boca el pastel que sobre ella había y le pareció delicioso.»

Ésta sería la forma aproximada —sacada de una novela negra, no crean que es inventada; les recuerdo que ninguno de los ejemplos del libro lo son— de «Se acercó a la mesa y probó el pastel, que le pareció delicioso».

Y si, pongamos por caso, quieren formular una frase que a priori no les parece que se pueda alargar demasiado, como: «El borde del vestido le rozaba el empeine», verán que con un poco de astucia siempre hay una manera un poco más minuciosa de decirla, como:

«El borde inferior de su vestido le rozaba el arco de arriba de su pie izquierdo» (también podría ser «derecho»).

Pero las dos estrellas indiscutibles de los *alargamientos*, por la frecuencia con que aparecen y por lo insignificantes que son y lo mucho que no obstante dan de sí, son el «puño» y el gesto de «morderse los labios».

El primero, en español se usa sobre todo en la expresión «Cerrar los puños», en su significado meramente descriptivo, es decir, «cerrar la mano». O bien en «Apretar los puños», algo que podría denotar un gesto de enfado o también, en sentido figurado, que se pone mucho empeño en conseguir algo.

En neoespañol se conserva sólo su función primera, la de cerrar la mano, pero con multitud de variantes:

«Tenía las manos apretadas formando puños».

«Cerró los dedos en un puño.»

«Curvó los dedos hacia la palma hasta formar un puño.»

«Juntó un dedo con otro y convirtió la mano en un puño.»

En cuanto a «morderse los labios» pueden encontrar, entre muchas otras frases similares:

«Lo miró con los dientes de arriba y de abajo apretados sobre el labio».

«Se mordió el labio de abajo con los dientes.»

«Se capturó el labio inferior entre los dientes y se lo mordió mientras pensaba.»

Veamos otros ejemplos:

«Quería protegerla incluso a pesar del coste que esa protección pudiera tener para sí mismo».
Lo que en español sería: «Quería protegerla incluso a costa de sí mismo».

«Dijo la mujer, en un tono de voz que dejaba claro que no iba a admitir que se le discutiera nada de lo que decía.»
En castellano, la mujer lo diría «en un tono que no admitía réplica».

En el capítulo «Desapariciones» se hace mención de la eliminación del adverbio «alternativamente» de la lengua neoespañola, una ausencia muy útil para la Antieconomía, porque permite alargar las frases de manera notable.

«Su marido desvió la mirada del regalo hasta ella y luego lo volvió a hacer al revés.»

La expresión dicha en lengua castellana habría quedado bastante más corta: «Su marido miró alternativamente el regalo y a ella». Y lo mismo se puede aplicar a «sucesivamente».

Hay asimismo unos *alargamientos* que, más que tales, aunque tienen ese mismo efecto final, parecen nacer del deseo de evitar determinadas palabras. Si eso es así, debo reconocer que desconozco la causa.

Esa elusión se produce casi siempre cuando hay que nombrar partes del cuerpo humano, por otra parte no especialmente delicadas desde el punto de vista del decoro. Dos de las principales son el «dorso» de la mano y la «nuca», aunque hay muchas otras, que por su nutrido número no podré incluir aquí, pero de las que expondré una breve muestra.

Vayamos primero con el «dorso» de la mano.

«Se secó las lágrimas con la parte posterior de su propia mano.»

«Le tendió la mano para que le besara la parte de piel que quedaba encima de la misma.»

«Se llevó la mano a la frente por el lado contrario a la palma.»

Y en cuanto a «nuca»:

«Hundió los dedos en el pelo que él tenía en la base de atrás de la cabeza».

«Sentí su mirada fija en mi parte de atrás del cuello y la cabeza.»

«Murió de un disparo en la parte trasera de la cabeza.»

Otras zonas también objeto de evitación son:

«Se llevó la mano a la conjunción de la parte superior del muslo con la entrepierna».

Es decir, la «ingle».

«Deslizó el lateral de la cara por la suya.»
Por la «mejilla».

«Sintió un repentino dolor en la parte de delante de la pierna que queda entre la rodilla y la cadera.»
El «muslo».

Pero esto no se da sólo con la anatomía, sino asimismo con cosas o lugares:

«Seguramente estará disponible en el sitio donde se venden libros».
En español una «librería».

«No tengo la llave de la cajonera con carpetas suspendida debajo de la mesa de su puesto de trabajo.»
También conocida como «archivador».

Por otra parte, y como se ha dicho más arriba, la Antieconomía se puede servir también de la *redundancia*, que consiste en repetir, con las mismas o distintas palabras, un mismo concepto.
Veamos algunos ejemplos:

«Eran como espectros de fantasmas».
«Espectro» y «fantasma» son lo mismo.

«Nada más terminar de concluir sus palabras, lo vio.»
«Terminar» y «concluir» tienen igual significado.

En el caso siguiente asoma cierta cualidad absurda, por otra parte muy corriente en la *redundancia* neoespañola. Pero igual que lo cómico o lo contradictorio, lo absurdo es algo que esta lengua no toma en consideración, por lo que nunca hay que tenerlo en cuenta ni, por supuesto, les debe impedir lanzarse a elaborar una frase o a hablar con soltura.

«No quería que la vieran ir con extraños a los que no conocía.»

Otros ejemplos de *redundancia* serían:

«El hombre cogió la pelota con las manos».

«Intentó besarle los labios de él con los suyos.»

«Me gustaría estrangularle el cuello.»

«Era un viejo anciano de rostro bondadoso.»

Sin olvidar las construcciones elementales y básicas, que nunca pasan de moda, como:

«Levantó la cabeza hacia arriba».
O más bien:
«Levantó la cabeza en alto», por usar la forma neoespañola, que siempre sustituye «arriba» por «en alto».

«Se dejó caer hacia abajo.»

«Bajó hacia abajo.»

«Avanzó hacia delante.»

«Retrocedió hacia atrás.»

Y para terminar, un par de frases para ilustrar las antieconómicas con recurso *redundante*, que un gran número de neohablantes tienen en gran estima y usan con profusión. Se trata de, por un lado, las relacionadas con el verbo «pensar» y por otro las que tienen como núcleo la expresión «primera persona».

En este último caso, dado el fuerte arraigo y la destacada presencia de esta inclusión de nuevo cuño, absolutamente innecesaria en cualquier lengua, ofreceré también la traducción en español para recordarles cómo es en este idioma.

«El presidente acudió en primera persona a ver los efectos del desastre.»

En español: «El presidente acudió a ver los efectos del desastre», o «a ver por sí mismo».

«El equipo de futbol vivió en primera persona la inauguración de la fiesta.»

En español: «El equipo de futbol asistió a la inauguración de la fiesta». O «participó en la inauguración de la fiesta», si en esa celebración los futbolistas tuvieron mayor implicación.

«Los habitantes han podido comprobar en primera persona los beneficios de la nueva instalación.»

En español: «Los habitantes han podido comprobar los beneficios de la instalación». O «Los habitantes han podido comprobar por sí mismos los beneficios de la instalación», si se quiere enfatizar un poco más.

«El testigo lo vio todo en primera persona.»
En español: «El testigo lo vio todo».

Por su parte, la *redundancia* neoespañola que toma como base el verbo «pensar» («discurrir o reflexionar algo uno en su fuero interno», es decir, para sí mismo, para sus adentros) es muy eficaz para el tema que nos ocupa, porque con muy poco esfuerzo se pueden alargar bastante frases que de otra manera habrían quedado un poco cortas para los estándares del aproximado.

Por ejemplo, no es lo mismo decir «Pensó» a secas que:

«Pensó para sí mismo».

«Pensó en su fuero interno.»

O la triple redundancia:

«Pensó para sí en silencio».

La fórmula se puede aplicar también al verbo «decir».

«Se dijo a sí mismo.»

EJERCICIOS

(Hallarán las soluciones al final del capítulo.)*

Formular en español las siguientes frases en neoaproximado:

1. La mano de Ana se acercó e impactó en la mejilla de Andrés, produciendo en esa mejilla una dolorosa bofetada.

    _____.

2. Las ojeras que tenía por debajo de sus ojos eran preocupantes.

    _____.

3. Apoyó una mano en mi músculo pectoral izquierdo superior.

    _____.

4. Era presa de intensos temblores de miedo en los hombros.

    _____.

5. Se autoculpó a sí misma en su fuero interno por no haberlo pensado antes.

    _____.

* Igual que en el resto de la guía, todos los ejemplos son reales.

6. Me agarró el mentón de la cara.

   _____.

7. Mientras lo esperaba en la entrada del museo, se balanceaba sobre los talones de los pies.

   _____.

8. Ya basta de tanta contención. He decidido que me voy dejar soltar un poco el cabello.

   _____.

9. Le dio besos de su boca.

   _____.

10. En cuanto puso las puntas de los dedos de los pies en casa, su esposa acudió a recibirlo.

   _____.

11. Sentada tan baja, apenas le veo la frente de su cara.

   _____.

12. Se sumergió en la marea humana de personas.

   _____.

13. Él no era una estatua de piedra tallada en mármol.

   _____.

14. Empezó con su insoportable verborrea verbal.

   _____.

15. Le dieron ganas de destriparle las tripas.

_____.

16. No logró conseguirlo.

_____.

17. A ver si puedo mantener la intriga en vilo hasta el
    final.

_____.

18. En una mano llevaba el paraguas y en la mano del lado
    contrario del cuerpo una bolsa.

_____.

19. Entraron en una boscosa arboleda.

_____.

20. Era una novela de ficción.

_____.

21. No había más que ver la cara de incredulidad en su
    rostro para darse cuenta de que se había quedado
    atónito.

_____.

22. Sus brazos no podían sostener el propio peso de los
    mismos para ser elevados.

_____.

23. Noto una distancia de separación entre los dos, quizá acaben divorciándose.

   _____.

24. Se lo imaginó en su mente.

   _____.

25. Quiero entrar dentro.

   _____.

SOLUCIONES

1. «Ana le dio a Andrés una bofetada.»

2. «Sus ojeras eran preocupantes.» Las ojeras sólo pueden estar debajo de los ojos. Obsérvese también el posesivo «sus» para ojos.

3. «Me apoyó una mano en el pecho.» Ya ven que cualquier cosa sirve para alargar, y el conocimiento anatómico no es un saber menor para esta modalidad.

4. «Temblaba de miedo», o «El miedo le producía intensos temblores», o incluso «Era presa de intensos temblores causados por el miedo». La especificación de «los hombros» es aquí el añadido neoespañol.

5. «Se culpó por no haberlo pensado.» O «Se recriminó no haberlo pensado». La partícula «auto», tan frecuente en español aproximado, en español casi nunca es necesaria. No lo es por ejemplo en este caso, donde, junto con «a sí misma», forma una triple redundancia. Si uno «se culpa» de algo lo hace a sí mismo y se autoculpa, todo a la vez.

6. «Me agarró el mentón.» Sólo la cara lo tiene.

7. «Lo esperaba en la entrada del museo balanceándose sobre los talones.» En principio no está mal distinguir entre los talones de los pies y los de las manos, dado que éstas también los tienen: la parte pulposa de la palma. Pero dado que el contexto de la frase no es circense ni de saltimbanquis de semáforo, en la frase en español no hace falta especificar.

8. «Ya basta de tanta contención. He decidido que me voy a soltar el pelo.» Por un lado, «soltar el pelo», no el cabello, es frase hecha. Por otro, «soltar» es un verbo que en castellano se maneja bastante bien solo, sin necesidad de otro verbo, como en este caso «dejar». «Dejar soltar» es una construcción exclusivamente neoespañola, a no ser que se quiera decir, por ejemplo, «Me voy a dejar el pelo suelto», que tendría sentido también en español.

9. «Lo besó» o «La besó». Si se quiere, «varias veces, repetidas veces».

10. He aquí un caso de falso alargamiento. Un nuevo ejemplo de frase tipo pájaro cuco, que, para ocultar su verdadero propósito, se finge neoespañola. En esta ocasión, como en tantas otras, lo que se quiere evitar decir es «un». La frase en español habría sido: «En cuanto puso un pie en

casa, su esposa acudió a recibirlo».Y en neoespañol auténtico, seguramente algo como: «En cuanto metió la llave en la cerradura, abrió la puerta y dio un paso con su pie dentro de su casa, su esposa acudió a recibirlo».

11. «Sentada tan baja, apenas le veo la frente.» Una frente, si entendemos por ésta la parte superior de la cara, no la parte frontal de algo, siempre está en la cara.

12. «Se sumergió en la marea humana.» Lo humano siempre está compuesto por personas.

13. Esta frase sólo se entendería en español si «estatuadepiedra» tuviese en ella función de sujeto.Y tampoco mucho. Por deducción, supongo que quiere decir que quien habla «no es de piedra».

14. «Empezó con su insoportable verborrea.» Las verborreas siempre son verbales.

15. «Le dieron ganas de destriparlo», o bien «Le dieron ganas de sacarle las tripas». El hecho de «destripar» comporta esta última consecuencia.

16. «No lo logró», o «No lo consiguió». «Lograr» y «conseguir» son lo mismo.

17. «A ver si puedo mantener la intriga hasta el final», o «A ver si puedo mantenerlos en vilo hasta el final», pero esta última frase requeriría la presencia de otros sujetos además del que habla.

18. «En una mano llevaba el paraguas y en la otra una bolsa.»

19. «Entró en una arboleda», o «Entró en una zona boscosa», o «Entró en un bosque». En castellano, por definición todas las arboledas tienen árboles, igual que los bosques, de los que deriva la palabra «boscoso».

20. «Era una novela», un género que en principio sólo puede ser de ficción. O bien «Era una obra de ficción».

21. «No había más que ver su cara de incredulidad para darse cuenta de que se había quedado atónito.» En español no hace falta que esa cara de incredulidad se vea en ningún lado, especialmente no hace falta que se vea en el «rostro», que significa lo mismo que «cara».

22. «No podía levantar los brazos.»

23. «Noto una distancia entre los dos, quizá acaben divorciándose.» «Distancia» y «separación» son similares.

24. «Se imaginó» lo que fuera. La mente es el lugar natural donde se desarrolla la imaginación.

25. «Quiero entrar.» Tanto por las leyes físicas como por las gramaticales, siempre se «entra dentro» y se «sale fuera». Nunca se «entra fuera», por ejemplo.

SEGUNDA PARTE

ENIGMAS Y CURIOSIDADES

Las palabras fluían de su boca en las agrupaciones convencionales
de la lengua, pero carecían de toda inteligencia;
tenía tan sólo un vacío mental en el que daba tumbos
una bola de cháchara.

REBECCA WEST, *El significado de la traición*

En la primera parte de esta guía se ha expuesto la estructura básica de la lengua neoespañola. En qué consiste y cómo empezar a manejarla. Con lo que se explica en esos capítulos, el estudiante podría hablarla y escribirla con bastante desenvoltura y, por supuesto, entenderla.

No obstante, este idioma cuenta con otras características que, si bien no es imprescindible conocer en un nivel de estudio inicial como es el de este libro, pueden ayudar a comprender mejor la esencia última del español aproximado.

Esas peculiaridades se han englobado bajo el epígrafe «Enigmas y curiosidades».

Hasta ahora hemos visto que el idioma neoespañol posee una lógica interna que, aunque sea una lógica más bien tosca, cuando no idiota en el sentido médico del término, permite ir siguiendo más o menos el proceso del pensamiento neohablante, así como comprender la evolución del mismo.

Sin embargo, lo que se recoge en esta segunda parte, tan intrínseco a la neolengua como las cuestiones gramaticales, carece en general de lógica de ningún tipo, ni mental ni filológica, tanto en español como en su idioma derivado, por lo que el esclarecimiento de este aspecto de su desarrollo es a menudo imposible.

Se los podría considerar casi fenómenos lingüísticos paranormales, en su sentido de inexplicables mediante el saber de que hasta el momento se dispone. Y como tales se los va a tratar aquí: con la humildad y el respeto que merece lo que nos resulta hermético no por culpa del objeto en sí, sino debido al todavía insuficiente conocimiento de quienes lo estudian.

Por todo lo dicho, los capítulos que constituyen esta parte no contarán con ejercicios al final de los mismos.

Se intentará sin embargo ofrecer unos modestos patrones para así seguir avanzando, bien que de manera tentativa y un poco a ciegas. Se incluye para ello un breve listado razonado de ejemplos de las diferentes categorías al final de cada apartado.

1

El cuerpo

Nuestro cuerpo es lo que nos sirve para comunicarnos materialmente con el mundo que nos rodea, porque con él ejecutamos todos los actos físicos para la supervivencia y la relación. Y para hacerlo nos servimos de sus partes, miembros, expresiones, gestos y funciones.

Con el idioma los nombramos y explicamos todos, tanto en español como en neoespañol, aunque en esta última lengua algunos nombres desaparecen y determinadas partes adquieren otras funciones.

Ya sé que eso es físicamente imposible, pero no lo es por lo que respecta a la mera descripción del acto, el cometido o el órgano. Así, hemos visto en parte y veremos ahora con más detalle que palabras como «muslo», «coronilla», «vientre», «garganta» o «costado» en este nuevo idioma se usan muy rara vez y «cara» y «mejilla» nunca, sustituidas éstas respectivamente por «rostro», sea cual sea el contexto, y por «el lateral del rostro».

«Lávate el rostro, niño», es expresión de uso común en la neoliteratura, igual que «Le acarició el lateral del rostro».

Por su parte, «muslo» y «coronilla», en virtud de la Antieconomía del lenguaje, han pasado a ser, uno, «la parte de la pierna que queda por encima de la rodilla» y otro, «lo alto de la cabeza».

La «garganta» en sentido estricto, es decir, la parte anterior del cuello, por donde transitan los alimentos, se sustituye a su vez por el genérico «cuello», con lo que no es difícil leer u oír frases como «Tenía un nudo en el cuello».

«Costado», igual que «mejilla», pasa a ser «el lateral (derecho o izquierdo) del cuerpo».

La desaparición de «vientre» se tratará a continuación.

EL SISTEMA DIGESTIVO

Que el neoespañol intenta cambiar con su arrollador corpus lingüístico hasta la propia anatomía, así como las diferentes funciones que a ésta le corresponden, se puede ver por ejemplo en uno de los casos más llamativos, el que tiene como protagonista el «estómago».

En los últimos tiempos, este segmento del sistema digestivo ha llevado a cabo una maniobra invasora, lingüísticamente hablando, y se ha apropiado de toda la zona próxima a él en el cuerpo humano, ya se trate del «estómago» propiamente dicho, que es la parte del abdomen que va desde el pecho a la cintura, o la del «vientre» o «barriga», que es la que ocupa desde la cintura hasta el pubis.

Disculpen por favor el excesivo didactismo, pero es necesario para que se entienda, ahora que esta distinción ya no existe.

En la actualidad, de arriba abajo todo es «estómago», o si en determinados momentos, porque las circunstancias así lo exigen o porque hay que cambiar de registro y adoptar un lenguaje digamos más vulgar, el sinónimo que se utiliza, por supuesto en su sentido asimismo abarcador, es «tripa», que en español corresponde sólo a «vientre».

(En esta última lengua, no es lo mismo que a uno le duela el estómago que el vientre, sobre todo desde el punto de vista médico.)

Así, frases hechas como «Se me hizo un nudo en la garganta», «Se me encogió el estómago» o «Me dio un vuelco el corazón», quedan subsumidas por otras con el «estómago» como órgano único.

Vean la versión neoespañola de estas tres últimas:

«Se me puso el estómago en la garganta».

«Se me hizo un nudo en el estómago.»

«Me dio un vuelco el estómago.»

Pero dada su versatilidad, lo encontrarán también en otras muchas expresiones, como por ejemplo:

«Le temblaba el estómago de temor».

«Se le puso el estómago boca arriba cuando lo vio.»

E incluso sustituyendo a «boca», que al fin y al cabo también forma parte del sistema digestivo:

«Se me reseca el estómago al verlo».

Los sentidos

Pero no es sólo el aparato digestivo el que ha sido objeto de una remodelación lingüística, también lo han sido los sentidos fisiológicos.

Éstos son tradicionalmente cinco: vista, oído, olfato, gusto y tacto, y nos sirven para percibir y reconocer los estímulos y sensaciones externos. A veces se habla también de un sexto sentido, que tendría que ver con la intuición y la anticipación, pero que científicamente no es más que la suma de lo que nos indican los cinco ya conocidos y que nuestro cerebro procesa en un nivel de conciencia subyacente.

Sin embargo, según las nuevas investigaciones en neurología, sí existe un auténtico sexto sentido, el de la propiocepción, que es el que nos dice dónde tenemos cada miembro del cuerpo (cuando se nos duerme un brazo o una pierna por una mala postura, perdemos ese sentido momentáneamente), y es el que por ejemplo nos permite caminar, correr, girar la cabeza, mover un brazo para coger algo o simplemente permanecer de pie.

Los ojos son el órgano de la vista, el sentido que nos permite percibir las imágenes, lo que en español se llama «ver».

Gracias a nuestras características fisiológicas, poseemos asimismo la capacidad de «mirar», es decir, de enfocar con la vista voluntariamente algo que nos interesa. Y debido al nervio óptico, que conecta nuestros ojos con nuestro cerebro, este último puede recibir las impresiones lumínicas y visuales y procesarlas.

Como se ve, una secuencia relativamente compleja y perfecta en su eficacia, al menos en lo que respecta a la expresión en lengua castellana, porque en la neoespañola algunas partes de esa secuencia se han alterado.

Así, «mirar» es un verbo prácticamente en desuso en este idioma, sustituido por «ver» y por otras locuciones que se estudiarán más adelante. Esta supresión de fronteras entre «ver» y «mirar» es algo parecido a lo que sucede con «oír» y «escuchar».

De manera similar a lo que pasaba con «estómago» respecto al aparato digestivo, los «ojos» son los principales beneficiarios de la ausencia casi absoluta de «mirar» en la nueva lengua.

En ésta intervienen y sustituyen al verbo en todas las acciones y además lo hacen con una autonomía de la que nunca antes habían gozado, convirtiéndose incluso en protagonistas de muchas novelas contemporáneas, al llevar a cabo todo tipo de actos se diría que por voluntad propia:

«Sus ojos se dirigieron hacia la puerta y luego se bajaron hasta los zapatos del recién llegado».

«Los ojos de ella primero se cerraron y luego, una vez se decidieron a abrirse, estudiaron el pergamino con atención.»

Pero a pesar de este nuevo papel estelar, es muy poco lo que en español aproximado se conoce en realidad de los ojos como tales.

Muy poco en comparación con el órgano del sentido del oído, por poner un ejemplo, que, salvo excepciones, casi todo el mundo sabe que consta de una parte externa, la oreja o pabellón auditivo, y otra interna cuyos elementos reciben diferentes nombres. Aunque el detalle de estos últimos elementos no se conozca en su totalidad, sí hay un saber latente, y a nadie se le ocurriría (de momento) decir «Lo cogió del tímpano y lo arrastró a casa».

Sin embargo, con los ojos, que como hemos visto es donde reside el sentido de la vista y son la parte externa de este sentido, o sea, el equivalente a la oreja para el oído, no sucede lo mismo.

Aparte de los párpados y las pestañas, el globo ocular mismo se compone de tres partes: el fondo, o membrana esclerótica, en general de color blanco; un círculo de color —distinto para todo el mundo en cuanto al tono y las características físicas (de hecho, junto con las huellas dactilares y las orejas, es único para cada individuo)— que suele estar en medio de esa parte blanca, y que se llama iris; y dentro del iris otro círculo más pequeño que es siempre de color negro, llamado pupila.

Ésta tiene una cualidad propia, que es su capacidad de dilatarse o reducirse ante la luz. Cuando hay poca, se abre para poder absorber la mayor cantidad posible, y cuando hay mucha, se contrae para proteger el conjunto interior del ojo del exceso de luminosidad.

Esta propiedad de abrirse o contraerse, en el caso del ojo sólo la tiene la pupila y absolutamente nunca el iris, que permanece inalterable tenga lo que tenga delante.

El blanco del ojo, dependiendo de procesos fisiológicos del individuo, puede cambiar de color, enrojeciéndose o amarilleando. (Al menos en España los dos únicos colores son éstos. Tal vez en otros países adopte los de su propia bandera.)

Esta larga y seguramente tediosa introducción era necesaria para que se entiendan los ejemplos ilustrativos del apartado.

«Sus hermosos iris azules se habían dilatado tanto que habían engullido las pupilas, con lo que los ojos se le veían totalmente negros.»

O lo contrario:

«Sus iris quedaron convertidos en diminutas cabezas de alfiler».

Como acabamos de ver, en ambos casos craso error según la fisiología, la lógica y la lengua española, porque es justamente al revés, son las pupilas las que han engullido los hermosos iris azules y las que han quedado convertidas en diminutas cabezas de alfiler.

Encontrarán también con frecuencia frases parecidas a las siguientes:

«Tenía las pupilas verde y oro».

«Los iris brillantes que solía tener en los ojos estaban teñidos de ámbar.»

En realidad no los solía tener, los tenía siempre. Los iris nunca se ausentan de los ojos.

Los párpados son asimismo una porción del ojo que en lengua aproximada han cambiado de función, como en:

«—No digas nada —le pidió con los párpados llenos de lágrimas».

Y para terminar, unas frases hechas con los ojos, que se han transformado en otras un poco inquietantes si se interpretan en español.

«No quitarle ojo a alguien», que significa no perderlo de vista, se convierte en:

«Decidió no quitarle un ojo».

«No le había quitado los ojos en toda la mañana, pero por la tarde tendría que hacerlo.»

«Tan pronto le quitó el ojo, la joven salió corriendo.»

Lo que no es de extrañar, cualquiera de nosotros habría hecho lo mismo.

Para sustituir «mirar» el neoespañol hace gala de una gran riqueza expresiva, en la que intervienen varias palabras; por supuesto, siempre con prelación de los «ojos». También para «la mirada», tal como se puede ver en la siguiente frase, en la que les pido que por favor no presten atención a lo que significa literalmente:

«Se quedó sosteniéndome los ojos un buen rato».
Por «Sosteniéndome la mirada».

Y como casi siempre sucede en el nuevo idioma —de hecho, el recurso se repite hasta tal punto que tal vez habría que estudiarlo como parte de la estructura básica de esta lengua—, lo que se elimina en un sitio se pone luego justo donde no correspondería en castellano. Como en:

«La contempló con la mirada entornada».

La mirada es etérea, incorpórea, y por tanto no puede «entornarse», que es un verbo que describe un acto físico.

Por su parte, para elidir «mirar» la fórmula más usada con diferencia es «desviar los ojos».

«Desvió los ojos por la ventana y contempló el parque.»

«Desvió los ojos fijamente en los ojos de ella y le habló con seriedad.»

«Cerró los ojos, no quería desviarlos hacia nada que no fuera su libro.»

Conviene aclarar que esta acción de desviar los ojos no es posterior a otra en la que esos mismos ojos estuvieran fijos en un lugar previo, sino que, en neoespañol, este tipo de frases reflejan siempre la acción primera.

Otras formas neolingüísticas utilizadas para sustituir «mirar» serían: «Pasear los ojos», «Llevar los ojos» y «Ojear».

«Paseó los ojos por la presencia del hombre que acababa de entrar.»

En este caso no sólo se sustituye el verbo, sino que se crea asimismo una manera nueva de decir «hombre», es de suponer que con voluntad antieconómica.

En español sería: «Miró al hombre que acababa de entrar».

«Llevó sus ojos al otro lado de la calle.»

«Ojeó ceñudo a su esposa.»

«Echó los ojos en torno, como dudando.»
Para decir «miró alrededor».

Y también se puede dar una forma algo más elaborada, como en:

«La observaba a través de unos ojos sagaces».

Cabría pensar que, de haber seguido la misma lógica que «oír» y «escuchar», «ver» habría sido el sustituto natural de su hermano «mirar». Pero esto no es así, porque el propio «ver» ha sido también reemplazado, en su caso por «comprobar», que no significa ni mucho menos lo mismo, sino «verificar la exactitud o existencia de algo». Es decir, para emplear este verbo en castellano, habría que tener conocimiento previo de lo que se iba a mirar o verificar, algo no preceptivo en neoespañol.

«Al despertarse, la joven abrió los ojos y el temor la embargó al comprobar que, en aquel lugar hasta entonces desconocido para ellos, estaban rodeados de enemigos.»

El lugar es desconocido y la circunstancia inesperada y no prevista, por tanto, a priori no habría nada que «comprobar», sino simplemente «ver» o «darse cuenta» de lo que fuera.

«Enciendo el móvil y compruebo que tengo unas llamadas que no esperaba.»

Lo mismo. Si no las esperaba, no puede «comprobar» que las tiene.

Así pues, de los seis sentidos que poseemos, dos de ellos —la vista y el oído— han sido transmutados por el neoespañol, en tanto que los otros cuatro siguen todavía intactos. Mientras no llegue el momento de neoespañolizarlos, pueden seguir usando estos últimos en su forma castellana.

EL CORAZÓN

Este es un órgano al que la lengua española le atribuye una enorme ductilidad y que lo admite prácticamente todo, hablando en sentido figurado, por supuesto.

Puede romperse, sangrar, abrirse, cerrarse, meterse en un puño, dar vuelcos, ser arrancado, tener diferentes texturas (duro y blando por ejemplo), crecer, clavarse algo en él, cubrirse...

Y lo mismo sucede en aproximado, pero con unas notables variedad y amplitud en cuanto a las habilidades del músculo.

Expondré aquí algunas de ellas.

«El corazón se le revolcó de dolor.»

«A Arthur le creció el corazón, y al notarlo mayor en su pecho suspiró aliviado.»

En castellano, «crecerle a uno el corazón» es una forma poco usual de decir que cobra ánimo. Como ven, la expresión no posee por tanto un sentido literal, como sí lo tiene en cambio en neoespañol.

> «Sus palabras astillaron su corazón.»

> «Al verlo, se le comprimió el corazón.»

Y recientemente ha sido destinado también a cubrir el puesto del alma:

> «El corazón bajaba a sus pies ante su ruego, pero no podía ceder».

> «Al verlo en ese estado, el corazón se le cayó al estómago.»

Ambas frases pretenden decir lo que en español sería «Caérsele a alguien el alma a los pies». Que significa «abatirse», «desanimarse».

Cabe señalar que los ejemplos ofrecidos están formulados en estricto neoespañol, con su sintaxis y sus sempiternos posesivos.

CUELLO, MANOS Y BRAZOS

Aunque parezca modesto e insignificante, el cuello tiene una gran importancia en la configuración del cuerpo humano, importancia que el nuevo lenguaje no duda en reconocerle.

Eso sí, siempre y cuando nunca aparezca en compañía de los «brazos», a los que a menudo sustituye. Como por ejemplo en:

«La cogió amorosamente en el cuello, mirándola a los ojos, y se sentó con ella en su regazo».

Lo que explica la frase es que un hombre «cogió a una mujer en brazos», no que la levantara a caballito, postura desde la que no habría podido mirarla a los ojos, o sólo con dificultad.

Pero quizá la forma más llamativa en frases con «cuello» se dé en una expresión bastante fundamental en español y de destacada presencia en el lenguaje literario: «Rodearle a alguien el cuello con los brazos»; por supuesto en plan cariñoso, no para llevar a cabo una llave de lucha libre.

En este caso, pasmosamente, los «brazos» son sustituidos siempre por las «manos».

«Le rodeó el cuello con las manos y la besó.»

Un uso que a los menos acostumbrados a la nueva lengua les puede costar un poco asimilar. Porque se trata de un abrazo, no de que nadie esté estrangulando a nadie, como podría ocurrírsenos en primera instancia.

En cuanto a las «manos», ocupan el lugar de los «brazos» no sólo en esta expresión, sino también en otras ocasiones, muy especialmente en la locución «Ponerse en jarras, en jarra o de jarras» —postura en la que los brazos intervienen de manera tácita, por lo que quizá se podría decir también «Poner los brazos en jarras»—, que significa colocar las manos en la cintura, con lo que los brazos adoptan una forma como de las asas de una jarra.

Si no lo han averiguado antes por otros indicios, sabrán que se hallan ante un auténtico experto en neoespañol si siempre, sin excepción, para decir esto mismo usa la frase «Poner las manos en jarras».

«Me espetó ella, con las manos en jarras.»

Esto se dice o escribe con gran frecuencia y múltiples variaciones. Una pose un poco ridícula vista con perspectiva de lengua castellana, porque se trataría, es de suponer, de remedar con las manos la curvatura de las asas. O así lo imagino yo con mi mente obsoleta, lingüísticamente hablando.

El vello

Lo sucedido en español aproximado con el «vello» viene de antiguo. De hecho, se podría considerar que fue una de las cabezas de puente en el avance de este idioma.

Primero de todo, el vocablo, como se ha apuntado más arriba, perdió su cualidad de sustantivo colectivo, es decir, un nombre con un singular invariable que engloba a muchos individuos —como un enjambre está compuesto de muchas abejas o una escalera de varios o muchos escalones o peldaños, el vello está formado por muchos pelitos— y pasó a mencionarse siempre en plural, los «vellos».

Y en segundo lugar, dado este paso previo imprescindible, pasó a sustituir a «los pelos». «Se me ponen los vellos de punta», empezó a oírse y leerse por doquier a partir de un momento dado.

Pero aunque la estructura lingüística básica sea la misma para ambas cosas y el «vello» sea esencialmente pelo más corto y suave, a efectos del lenguaje de uso común, así como en el uso común del lenguaje, se utiliza para cosas distintas.

En español se suele decir «Se me eriza la piel» o «Se me eriza el vello», para indicar que a alguien se le pone la carne de gallina, con la consecuencia de que el vello presente en esa carne se levanta.

Se puede emplear tanto en sentido figurado para decir que algo nos estremece, como físico, por efecto por ejemplo del frío.

La misma frase con «pelos» sería: «Se me ponen los pelos de punta» (o su forma más moderna, «Se me ponen los pelos como escarpias»), que significa «sentir pavor, gran espanto, ante la posibilidad de algo o ante una circunstancia que nos asusta».

A partir de ahí, en neoespañol caben numerosas construcciones derivadas.

«Se me erizan los vellos.»

«Se me ponen los vellos de punta.»

Y también alguna más elaborada y antieconómica, como:

«El pelo de su nuca se movió y se le puso la carne de gallina al recordar».

Sonrisas

En relación con las «sonrisas» y el «sonreír» se produce en absolutamente todos los ámbitos de influencia y difusión del neoespañol (libros, diarios, revistas, informativos de televisiones y radios, películas, series, conferencias, clases de enseñantes de todo tipo, actas de juicios, etc.) un singular y muy activo movimiento en pro de la sustitución de ese verbo y sus derivaciones por las circunlocuciones más diversas.

Dejo aquí constancia del hecho, pero reconozco una vez más —si tuviera todas las explicaciones, esta parte no se llamaría «Enigmas y curiosidades»— que desconozco su causa, pese a haberme esforzado por averiguarla; una causa que creo que va más allá del mero intento de alargar las frases.

Por otra parte, ni «sonreír» ni «sonrisa» son palabras de significado obsceno, sea éste reconocido o encubierto, al menos hasta donde he podido indagar. Así pues, habrá que tomar las cosas como vienen y dejar la incógnita por resolver.

Resumiendo, en español aproximado no existe el verbo «sonreír», ni tampoco la expresión usada a veces en su lugar, «esbozar una sonrisa», de manera que de estas formas arcaicas se pueden olvidar por completo.

Pero dado que el gesto sí sigue presente en la vida de relación de las personas, habrá que tomar nota de las distintas maneras de describirlo en la neolengua.

Para ello, les pondré unos ejemplos más o menos agrupados por similitudes. Son bastantes y muy variados, pero procuraré incluir como mínimo uno de cada.

«Sonreír» y su sustantivo «sonrisa» a veces se sustituyen por expresiones en las que intervienen *verbos ayudantes*, siendo el más común de todos «lanzar».

«Lancé una sonrisa al verlo.»

«Me lanzó una sonrisa antes de contestar a mi pregunta.»

También otros como «blandir» o «alzar»:

«La mujer blandió una de sus sonrisas».

«Agitaban los brazos y alzaban sonrisas de bienvenida.»

Estos tres verbos (lanzar, blandir y alzar) se podría decir que poseen un temperamento bastante enérgico, pero hay asimismo otros auxiliadores más delicados o incluso poéticos, como en:

«A la chica le vino una sonrisa».

«Una sonrisa se escapa emocionada de mis labios.»

«Cobrando una amplia sonrisa en el rostro, dijo:»

«Contestó con una sonrisa perlando sus labios.»

Y también, por supuesto, con el *verbo comodín* «envolver» y otros.

«Se envolvió en una sonrisa de ternura.»

«Tenía el rostro bañado por una sonrisa de alivio.»

«El hombre que les abre porta una sonrisa de bienvenida en la cara.»

Podemos encontrar también casos misceláneos y algunos con verbos o adjetivos que sugerirían cierta resistencia a sonreír y hasta abierta mezquindad:

«El chico consiguió producir una sonrisa».

«Esbozó una esquelética sonrisa.»

Y de igual modo, los hay directamente agresivos o brutales:

«Se detiene, escupiendo una irónica sonrisa».

«Su rostro se partió en una sonrisa.»

Veamos también algunas expresiones sustitutivas de «sonreír» formadas por un verbo cualquiera en conjunción con *boca* y *labios*. Aunque la sonrisa sea un gesto físico que siempre requiere de estos dos elementos, las frases neoespañolas suelen ponerlo más de manifiesto.

Con *labios*:

«—Eso me halaga –dijo, levantando el lateral del labio».

«Sabía que estaba satisfecho con el resultado, por la inclinación hacia arriba de sus labios.»

«La miró y sus labios se elevaron por las comisuras.»

«Sus labios se torcieron de repente hacia un lado y dijo:»

Esta oración deduzco que sería equivalente a «esbozar una media sonrisa», no creo que se refiera a que a quien habla le ha dado un ataque de apoplejía en mitad de la frase.

Pero la fórmula de lejos más usada en esta submodalidad es «curvado de labios».

> «Lo saludo de lejos con la mano. Su respuesta es un curvado de labios que me desarma.»

> «El curvado de sus labios me indica lo que piensa.»

> «Tienes un curvado de labios muy bonito.»

Con *boca*:

> «Su madre abrió la boca en una sonrisa».

> «Su sensual boca desplegada en una sonrisa lo volvía loco.»

> «La sonrisa fue a parar a su boca sin previo aviso.»

Y, como es natural, encontramos también las *redundancias*, una categoría que en español aproximado nunca falta:

> «Tenía una sonrisa en la expresión absolutamente encantadora».

> «Poseía una risueña sonrisa.»

Para terminar con el subapartado, una breve muestra de lo que se podría considerar el *yin* y el *yang* de las sonrisas:

Yin:

«Sonreía a mares».

«Dijo con una sonrisa de par en par.»

Yang:

«Sonrió hacia dentro».

Dos breves colofones

Las «carcajadas», emparentadas con el verbo «sonreír» a través de su hermano más robusto «reír», además de haberse convertido en esta nueva lengua siempre en «risotadas», poseen asimismo su propia expresión neoespañola.

«El joven profirió un vendaval de risotadas.»

«El niño libera una risotada.»

«La joven hizo chocar las palmas llena de risa.»

«La joven princesa soltó una argentina risotada.»
Algo que de entrada parecería una contradicción.

Y, como tantas otras veces, también aquí la palabra descartada aparece luego donde no debería, como en esta unión imposible entre «esbozar» y «carcajada»:

«Esbozó una fuerte carcajada».

El segundo colofón tiene que ver con «llorar», el verbo contrario a «reír» y «sonreír», y, como este último, asimismo desaparecido, sustituido por perífrasis variadas:

«Lágrimas calientes le salían de la esquina del ojo».

«Un líquido salado hizo su aparición en su rostro.»

Pero en especial por la muy frecuente, pese al desconcierto que a bote pronto causa el uso del adverbio «detrás»:

«Las lágrimas se agolpaban detrás de sus ojos».

Posesión

Del muy idiosincrásico uso de los posesivos en el idioma neoespañol se ha hablado ya en otros puntos de esta guía, pero dado que los posesivos se relacionan casi siempre con partes del cuerpo humano, quiero mencionarlos brevemente también aquí.

La lengua castellana parece tener mucho más claro a quién pertenece cada cosa, para lo que le basta el artículo determinado en la mayor parte de las frases. Por ejemplo, «Me duele la cabeza», en lugar de, como sería la expresión en aproximado, «Me duele mi cabeza». Pero como en esta lengua no se usan tampoco los pronombres reflexivos, la frase final real seguramente sería: «Siento dolor en mi cabeza».

Sin embargo, el hecho de que en castellano no se abuse de los posesivos no se debe sólo a que en este idioma no se tenga tanta necesidad como en neoespañol de dejar clara la propiedad de algo, sino probablemente porque su uso muchas veces lleva a confusión.

Pondré un par de ejemplos para ilustrarlo:

«En pleno apogeo de la fiesta, Michael cogió un rizo de la señorita Andrews y se lo colocó detrás de su oreja».

¿Detrás de la oreja de quién? Si es la de Michael, como parece sugerir la formulación de la frase, sería un gesto bastante difícil de llevar a cabo, incluso estando muy cerca de la señorita Andrews. Pero aun en ese caso resultaría sobremanera chocante que en una fiesta del siglo XIX un hombre se adornase con el rizo de una dama.

Si lo que se quiere decir en cambio es que le puso a ella un rizo detrás de la oreja, bastaba con el artículo. Y el otro ejemplo:

«Schumacher cayó sobre su cabeza».

Esto se dijo en los informativos en lugar de «se cayó de cabeza», cuando este piloto tuvo su accidente de esquí.

Lo que, antes de producirse la corrección intratraductora, permitiría pensar que era su propia cabeza, previamente cortada y que rodaba por allí, sobre la que Schumacher había caído.

AUTONOMÍA

Como enseñaba Paracelso, «La dosis es el veneno», es decir, que lo que en pequeñas cantidades cura, tomado en exceso puede matar.

Esto viene a cuento de la abundante utilización que se hace en neoespañol de los diferentes miembros del cuerpo humano para sustituir al sujeto. Es un recurso estilístico que puede no estar mal si no se abusa de él. Pero ¿qué decir cuando es prácticamente el único recurso, como sucede a menudo en la literatura en esta lengua?

En la gran mayoría de textos de ficción neoespañoles, todos sus protagonista humanos dejan siempre y constantemente la iniciativa de sus acciones en manos de las diferentes partes de su cuerpo. Vean si no los siguientes ejemplos, sacados de libros de autores por lo visto versados en el neoidioma.

Antes, les recuerdo una vez más que todas las frases ilustrativas incluidas en esta guía proceden del mundo de la cultura y de la información, sin añadidos y tal cual se han leído u oído.

«La mano que sujetaba el bastón se apretó antes de que el anciano hablase.»

«Voy a darme la vuelta, y cuando mis ojos vean que ella no está, tendrán que decidirse de una vez.»

Éste parece un caso un poco extremo de identificación del sujeto con su cuerpo. No son sus ojos los que tienen que decidirse, sino él mismo.

«Al recordarlo, su mente volvió a pensar lo que tenía que hacer.»

«Sin poderlo evitar, el brazo de Luis estrechó a Aurora contra el cuerpo de su propietario.»

El propietario del brazo, no de Aurora. O sea, el mismo Luis.

«Sus rodillas cayeron sobre la alfombra.»

«Su rostro se endureció y sus labios se apretaron.»

«Sus ojos se echaron a reír.»

«Mi mente intentó calcular la diferencia horaria.»

«Su cuerpo se acercó a ella y le dijo:»

«Mis dedos se introducen en el cajón y sacan un tenedor.»

«Las palabras escuchadas al pasar hacen que me reafirme en lo que mi mente piensa.»

2

Balbuceo mental

Aunque, como se ha señalado más arriba y se ha podido ir viendo, dentro del neoespañol conviven un sinfín de expresiones en alegre caos, no se trata de una lengua que carezca totalmente de sentido y deducción lógica. Al menos hasta llegar a esta segunda parte, en la que ya he mencionado que las explicaciones empiezan a faltar.

Y probablemente en ninguna categoría lo hagan tanto como en el Balbuceo mental.

Balbucir es, según el *DRAE*, «hablar o leer con pronunciación dificultosa, tarda y vacilante, trastocando a veces las letras o las sílabas». Si este mismo proceso se aplica al mecanismo del pensamiento, no es difícil aventurar los resultados.

Por lo poco dilucidado hasta el momento, las dos bases principales del Balbuceo neoespañol son: *Confusión entre conceptos* y *Papilla mental*.

Veamos algunos ejemplos de la primera:

«El ciclón se ha cobrado ya treinta y cuatro muertes».

Lo que tradicionalmente se suelen cobrar los ciclones y demás catástrofes naturales son «vidas».

«La fiesta duró hasta largas horas de la madrugada.»

En español serían «altas» horas de la madrugada, dado que tanto las de la madrugada como las demás del día tienen la misma duración.

«Comió una tostada que iba rebañando en la yema del huevo.»

Lo que cabe hacer con el pan y la yema del huevo es «mojar» el primero en la segunda. Luego, con ese mismo pan, de forma optativa se puede «rebañar» el plato.

«Esa es una de las enfermedades que vamos adquiriendo a lo largo de la vida.»

Aunque esto se dijo en un documental médico, hecho por profesionales informados, quisiera hacer una leve matización. En español, las enfermedades se «tienen», se «sufren», se «padecen» o se «contraen». No se «adquieren», como si fueran conocimientos.

Y sin dejar el campo de los documentales, programas a priori de lo más rigurosos, en uno de naturaleza explicaron también que:

«El águila apatrulla las alturas en busca de su presa».

Frase que se repitió en dos ocasiones más.

Tendemos a sentir gran respeto por la lengua que nos llega a través de los medios de comunicación, porque suponemos que sus contenidos y formulaciones están sometidos a una supervisión seria y rigurosa. Y quizá así sea. Lo que no sabemos es si los controladores de todos esos programas o informativos hablan aún castellano o son ya neohablantes, como parece ser el caso de los dos documentales mencionados.

«Aprovechando que el río pasa por el Pisuerga...»

La frase hecha, para quienes no la recuerden, es «Aprovechando que el Pisuerga pasa por Valladolid», que significa que se aduce un pretexto endeble para justificar hacer lo que uno quiere. O, en una conversación, que alguien ha metido un argumento en la misma con calzador.

«Estaba preparado para afrontar todo lo que el destino le echase en cara.»

Dicho así, puede parecer que el destino sea muy rencoroso, porque «echar en cara» es reprocharle algo a alguien. Seguramente, lo que se ha querido decir con la frase es que se está preparado para afrontar todo lo que el destino depare; o le «eche encima» al sujeto, formulado en plan más coloquial.

«Intentó dispararle con una bayoneta.»

Pues no. Podría intentar lanzarle la bayoneta, que es una especie de cuchillo, pero dispararle con ella sería casi imposible en cualquier lengua.

Por su parte, las bicicletas tampoco son objetos cuya composición se tenga muy clara en neoespañol, a juzgar por cosas como:

«Sentarme al volante de la bicicleta fue una temeridad».

O bien:

«Monté de golpe en la silla de la bicicleta».

Y la misma confusión parece existir en el campo de los trabajos manuales:

«Dando una nueva puntada de ganchillo, la mujer dijo:»
Las «puntadas» sólo se dan al coser o bordar, nunca con el ganchillo.

«Las sábanas tenían unas puntillas bordadas por su madre.»
La puntilla o encaje no se «borda», sino que se hace. Justamente con ganchillo o también con bolillos.

Este tipo de lío es muy frecuente en libros traducidos o escritos por hombres. Podría darse también en los de las mujeres, sobre todo en una época en la que las labores de ese tipo y el tiempo para hacerlas han pasado a la historia. Sin embargo no sucede así. Por algún motivo que no sé explicar, las mujeres casi siempre saben lo que hay que poner o decir en este campo.

«Decidió utilizar al servicio como chivo espiatorio para que le dijeran lo que hacía la condesa durante la mañana.»

Esta frase, procedente de una novela histórica, da un poco de vértigo, porque en ella concurren dos confusiones de grueso calibre. Por un lado, por la palabra «espiatorio» (sic) acompañando a «chivo», individuo o colectivo (aquí es «el servicio») del que claramente se pretende que «espíe para alguien». Y por otro por la utilización de la figura del «chivo expiatorio» —ahora sí con «x», «el que carga con todas las culpas»— en este contexto.

«Habrá que intentar algo, ¿no? ¿O alguno de vosotros se atreve a volver con las manos en blanco?»
Se grita en una película reciente.
«Con las manos en blanco» en lugar de «Con las manos vacías», es decir, sin resultados.

«No pondría las uñas en el fuego por él.»

Esta es una chocante reinterpretación del concepto «Poner la mano en el fuego» por alguien, o sea, estar muy seguro de ese alguien. Aunque no es la única reelaboración del mismo que existe en aproximado. También se puede ver la más que sorprendente:

«Pondría la cara en el fuego a que era así».

Otro ejemplo de un orden distinto:

«Me concentro en rendirle cuentas al desayuno, mientras escucho lo que mi hermano me comenta».

«Rendir cuentas» es dar explicaciones de algo ante alguien (desde luego, nunca a un desayuno), mientras que «Dar buena cuenta de algo», como por ejemplo de un desayuno, es acabárselo o consumirlo totalmente.

«No es santo de mi devoción que salgas con esta ropa.»

«No ser santo de la devoción de alguien» significa que a ese alguien no le gustamos, no nos considera buenos o de fiar, siempre referido a una relación personal. No tiene nada que ver con la ropa que lleve nuestra pareja o hija o quien sea.

«Tenía las piernas hechas un flan.»

En circunstancias de muchos nervios o temor uno puede notar que las piernas le flaquean, las rodillas se le doblan. Dado que los flanes son materia con tendencia a temblar, en castellano se utilizan como símil para la frase «Estar hecho un flan». Siempre referida no obstante a la persona en su totalidad, no a partes de la misma, como sí vemos que se hace en neoespañol.

«La ciudad entera estaba construida en arquitectura gregoriana.»

Dos papas Gregorio hicieron algo que ha pasado a la historia con su nombre: uno un calendario y otro un canto religioso. No tuvieron sin embargo nada que ver con la arquitectura, que en este caso se llama «georgiana».

«El sol se reflejó en las barandillas de sus gafas.»

Seguramente se quiera decir «varillas». Mientras que en la frase siguiente:

«Pasó el cinturón por las hebillas del pantalón y se lo abrochó».

Esas «hebillas» serán con toda probabilidad «trabillas».

En cambio, no sé qué puede querer decir:

«Oyó los gorgojos del motor».

Dado que los «gorgojos» son unos insectos, ¿se refiere a gorgoteos? ¿Zumbidos? ¿Gorjeos, si era un sonido especialmente melodioso?

«Vi toda la ropa en el suelo, hecha añicos.»
Por «hecha jirones».

«El capitán resultó ser aún más sanguinolento que los demás atacantes.»

«Sanguinolento» es que echa sangre. «Sanguinario» es alguien cruel y feroz.

«El seductor vampiro se acercó a ella, que pudo ver con toda claridad cómo le crecían los incisivos.»

¡¿El seductor vampiro era un conejo?!

En este apartado de *Confusión entre conceptos* hay además nítidos campos diferenciados en los que el Balbuceo mental suele cebarse especialmente. A continuación veremos algunos de ellos.

ABROCHAR, ATAR Y ABRIR

«Abrochar» significa «cerrar o unir broches, corchetes, botones y similares». Mientras que para «atar», es decir, «unir o sujetar con ligaduras o nudos», sólo se requieren cintas (últimamente ha aparecido asimismo «lazo» como un falso sinónimo de éstas), cordeles, cordones o cuerdas.

Teniendo esto claro, resulta un poco extraño que alguien «se abroche los cordones de las zapatillas» o «se ate los botones del vestido».

Pero raro o no, el español aproximado está lleno de estos trueques.

«Una vez abiertos los botones, se quitó la falda.»

«Se desabrochó los botones que le ataban el vestido.»

«Se desabrochó los lazos.»

«Me mira mientras se ata los botones.»

Puertas: pomos, pestillos, picaportes, cerraduras y cerrojos. Dintel y umbral

Una puerta no parece a priori un objeto complicado. Ni tampoco algunos de los elementos que las componen o que están relacionados con ellas.

Sin embargo, todos ellos, junto con la puerta misma, están sumidos en una especie de nebulosa cognitiva neoespañola que los convierte en algo extremadamente confuso.

Por ejemplo, es normalísmo y muy frecuente leer u oír que alguien «giró el picaporte» para abrirlo, cuando, por su mecanismo y forma, éste no puede girarse, sino sólo accionarse o bajarse, a diferencia de lo que se hace con un «pomo», que suele ser redondo o esférico y sí se gira.

Aunque también se ve a veces que alguien «levantó el picaporte de la puerta y lo dejó caer para llamar», lo cual, a no ser que se haya nacido en el siglo XVIII o antes (cuando «picaporte» era equivalente de «aldaba»), abrirá ante el lector o el oyente un profundo abismo de desconcierto.

Pero en neoespañol la confusión va más allá de esto y, como indica el título del subcapítulo, también alcanza a los «pestillos», «cerraduras» y «cerrojos». Así, se puede ver:

«Se acercó a la puerta y, en el momento en que cogía el ojo de la cerradura para abrirla, miró a su mujer».

Sin embargo, «el ojo de la cerradura» es sólo un agujero en la puerta, donde se mete la llave para activar el pestillo interior. No se entiende en absoluto cómo podría cogerse un agujero.

Y lo mismo sucede con «pestillo» y «cerrojo». El primero es un pasador metálico que consta de dos partes, fijadas respectivamente en el marco y en la hoja de la puerta. Al desplazar la pequeña barra metálica que une ambas piezas, se fija el pasador y la puerta queda cerrada.

Un «cerrojo» funciona igual, pero suele ser mucho más grueso y sólido. A partir de aquí, el lío está servido:

«Apretó el pomo de la puerta y lo bajó».

«Metió la llave en el ojo del cerrojo.»

«Descorrí la llave, abrí la puerta y me fui.»

Pero la más curiosa de todas es la transposición hecha con el pomo de la silla de montar. Una especie de bola para agarrarse y subir al caballo:

«Se sujetó con fuerza del picaporte de la silla, montó y puso el caballo al galope».

Aunque los caballos generan por lo visto su propio desconcierto:

«Se subió al sillín del caballo y se marchó al trote».

«El hombre espoleó las riendas y la diligencia partió.» Normalmente lo que se espolea son los caballos.

«El cochero arengó al caballo para que arrancara.»

Cabe sentir cierta lástima por el pobre caballo, si cada vez que tenía que ponerse en marcha debía aguantar una arenga del cochero.

Por lo que respecta a «dintel» y «umbral», por no hablar del «marco», el «quicio», la «jamba» u otras partes de la puerta, el caos es casi absoluto.

«Dintel» es la parte superior, tanto de puertas y ventanas como de cualquier hueco que tenga una función similar. Y «umbral» es la parte inferior, la del suelo, la directamente contrapuesta al «dintel».

Así y todo, no es nada raro —al contrario, es tan frecuente que no parece que exista otra manera de decirlo— ver:

«Agachó la cabeza para pasar por debajo del umbral de la puerta».

Algo a todas luces físicamente imposible, a no ser que la puerta y su consecuente umbral estuviesen flotando en el aire para permitirnos realizar esa acción de pasar por debajo.

«Se detuvo bajo el umbral de la puerta, negándose a entrar.»

«Me dice adiós con el brazo apoyado en el umbral de la puerta.»

«Apoyó el hombro en el umbral de la puerta y la miró seductor.»

Tanto esta postura como la anterior son bastante difíciles de adoptar y, desde luego, cuesta imaginar que la última pueda resultarle seductora a nadie.

Para concluir esta parte del Balbuceo, me gustaría llamar la atención sobre dos hechos menores: uno relacionado con los asientos y otro con la nuez de la garganta de los hombres.

En neoespañol, «sillón» y «sofá» se han vuelto sinónimos, aunque en castellano «sillón» sea una especie de silla un poco más grande y cómoda que éstas, de una sola plaza, a menudo con brazos, y un «sofá» un tipo de asiento para dos o más personas.

Ambos son asientos, se dirá, qué importan esos detalles tan nimios.

Importan si el uso neoespañol impone sólo «sillón» en todas las ocasiones, con lo que se pueden decir cosas como:

«Estaba durmiendo la siesta tumbado en el sillón cuando vino a verme».

Como aclaración, diré que se refiere a un hombre de estatura normal.

«Estaban los tres sentados en el sillón.»

Lo mismo: se trata de personas de tamaño normal, no liliputienses.

«Me acosté en el sillón a su lado para leer un rato.»

Ídem.

En cuanto a la «nuez» o «bocado de Adán», que es esa protuberancia que tienen los hombres en la parte anterior de la
garganta, en español se llama o bien de una manera o bien de
otra, mientras que en neoespañol se la suele llamar de las dos
formas a la vez:

«Tenía una nuez de Adán muy prominente».

Es algo que verán u oirán con frecuencia. Sin embargo, últimamente se la ha empezado a llamar también «manzana de Adán».

«La manzana de Adán de su cuello le subía y bajaba al
tragar.»

Lo más seguro es que sea una contaminación de la denomi-
nación en inglés: «*Adam's apple*», pero incluso así, parece un poco
excesivo tener una manzana en el cuello en lugar de una nuez.

Llegamos ahora a la variedad *Papilla mental*, que en sentido estricto sería la forma más representativa del Balbuceo.

Se trata de un tipo de expresión que el español —y me
atrevería a decir que lo mismo todas las demás lenguas que existen en el mundo— ha tenido en desuso durante siglos, más o
menos desde el Cuaternario, pero que ahora está recuperando
su vigencia. Quizá porque es la forma verbal que mejor expresa
y refleja la actual evolución del idioma.

¿Y en qué consiste?, se preguntarán. Pues dicho de manera muy somera, en comunicarse (o al menos intentarlo) mediante palabras reconocibles, pero unidas y mezcladas sin ton ni son, dando lugar así a nuevas frases.

Como resulta fácil intuir, es de una de las variedades más difíciles del idioma aproximado, más difícil aún que la *Confusión entre conceptos*.

Porque aquí no se trata de cambiar un verbo por otro, comerse tres preposiciones y poner dos sujetos y ningún predicado, o malinterpretar lo que se oye y consecuentemente se entiende. No, la *Papilla mental* requiere una profunda y esmerada desasimilación, tanto de todo lo aprendido como de la manera de expresarlo. De hecho, si sigue prosperando podría llegar a convertirse en el neoespañol más puro.

Sin embargo, su complejidad y la ausencia total de puntos de referencia en lengua castellana me obligan a limitarme a hablarles de su existencia, mostrarles unos ejemplos para que empiecen a familiarizarse con ella y poco más.

Estos ejemplos no serán muchos para no cansarlos inútilmente. Pero antes les recuerdo una vez más que todas las frases están sacadas de la realidad cultural e informativa de nuestro país.

Empezaré por dos relativamente sencillas:

«Su mano se mezcla directa en mi mejilla».
Creo que está diciendo que le dan una bofetada.

«Dice cariñoso, frotándose en mis facciones.»
En este caso se trata de algún tipo de gesto afectuoso.

La siguiente es más complicada.

«Cuando llego a la sala, están los rostros variantes entre ellos, mi hermano marca la decepción tras mi travesura, mi padre con un control aunque lleno de frustración, y mi madre impactada.»

¿Su familia está enfadada con él o ella? Habría que preguntárselo a la bestsellérica autora que la escribió.

«Encima de toda la división estaba una hendidura muy fina.»
Lo siento, no comprendo en absoluto la frase.

O, como se dice en la normativa del club náutico de una gran ciudad española:

«Las barcas están disponibles para todo aquel que logre transgredir el remo sin perecer».

Grosso modo, se entiende que se puede coger una barca sólo si se hace algo con el remo que no implique perder la vida.

«Tiene que plasmar con tinta algo que haga de algún modo referencia remotamente referente a lo que ha pasado.»

Esta en cambio es una falsa frase *Papilla mental* para enmascarar una redundancia antieconómica. En español sería más o menos: «Tiene que escribir lo que ha pasado».

La siguiente también es falsa en cuanto a la modalidad y si se le aplica la lógica aproximada no resulta tan difícil de entender como parece:

«Lo había salvado de los lobos. De no ser por él, ahora sería pasto de su cena».

Quiere decir que se habría convertido en la cena de los lobos o bien en pasto —o alimento, que es lo mismo— de ellos.

«Su visión se queda estancada en la lontananza de quien le ha podido hacer perder el norte por un puñado de euros.»

Aunque oí esta frase en una película doblada, complementada por tanto por la representación visual de lo que estaban diciendo, de nuevo debo disculparme, porque no la entiendo.

Y para terminar:

«Marta respondió con un reflejo en los hombros moviéndolos en un gesto sin importancia para no dársela».

Por aventurar algo, diría que Marta se encogió de hombros, quizá con indiferencia.

3

Era una noche estrellada...

De pequeños, algunos aprendimos una especie de poemilla popular, del que me consta que circulan varias versiones, y que
pretendía burlarse de algunas contradicciones y absurdos a través de una especie de juego con el lenguaje.

El que a mí me llegó fue el siguiente:

Era una noche estrellada y sin embargo llovía,
una piara de cerdos volaba de flor en flor.
A lo lejos había una casa blanca
toda pintada de negro,
con las ventanas abiertas,
cerradas de par en par.
Yo, ciego que vi esto,
atranqué la luz, apagué la puerta
metí la ropa en la cama y me colgué de la percha.

A menudo el neoespañol me ha hecho pensar en esta can-
cioncilla (o lo que fuera), por el desconcierto y la hilaridad que
determinadas frases de este idioma provocan.

Aunque les cueste creerlo, la mayor parte de los ejemplos con los que ilustraré la categoría provienen del trabajo de traductores profesionales, alguno incluso prestigioso o muy prestigioso, así como de la produccion de algún escritor de cierto renombre; el resto están sacados de noticias ofrecidas en medios audiovisuales y escritos sólo de primer nivel.

«Se mesó la barba pulcramente rasurada.»

Si la barba estaba pulcramente rasurada no se la podía mesar, algo que, según el *DRAE*, significa «arrancar el cabello o la barba con las manos, o tirar con fuerza de ellos». Para lo cual primero tendrían que existir.

«Le vio dar un manotazo con el puño cerrado.»

Contradicción purísima. Los manotazos se dan con la mano abierta.

«Sin duda, estamos en los primeros coletazos de un futuro mejor.»

Los coletazos, por definición, siempre tienen que ver con lo último, no con lo primero. Según el *DRAE*, un «coletazo» es: «Última manifestación de una actividad próxima a extinguirse».

«Después de ese primer fracaso, para alegría de ambos padres el tratamiento dio al traste una niña.»

La locución «Dar al traste» significa que se malbarata una cosa, que se echa a perder o se destruye.

«La casa tenía fosa aséptica.»
Esta frase no necesita comentarios.

«Caminaba por las calles a esas altas horas de la mañana. Hacía una noche particularmente gélida, pero no le importaba.»
Esta casi parece una estrofa literal del poema.

«Su grito se abrió paso en silencio desde las sombras.»
Es muy difícil gritar en silencio.

«Sonrió mostrando los dientes que le faltaban.»
Esto en cambio es imposible.

«Tenía los ojos anegados por las lágrimas que le brotaban secas.»
¿En qué quedamos?

«Durante estos años, he vivido una vida más bien ortodoxa, siempre de aventura en aventura, algunas muy peligrosas.»

Seguramente quiere decir «una vida heterodoxa», o sea, poco convencional. Justo lo contrario de «ortodoxa».

«Encontró el modo de reconstruir el abismo que los separaba y de ese modo pudieron reconciliarse.»

Algo sin duda muy meritorio, pues reconstruir un abismo no debe de ser tarea sencilla.

«Cuando la oscuridad de la habitación le permitió ver con claridad, preguntó:"¿Qué haces aquí?".»

Es de suponer que esta autora quería decir que vio con claridad cuando sus ojos se adaptaron a la oscuridad, pero la contradictoria formulación que ha escrito y se ha publicado ahí está y es la que es.

«Dormía hecha un ovillo, tumbada en la cama boca arriba, con los brazos estirados a los costados.»

O se duerme boca arriba con los brazos estirados o se está hecho un ovillo.

Y del mismo libro:

«Vio a un hombre arrellanado en los escalones, encogido sobre sí mismo y con la cabeza apoyada en las rodillas».

Si está encogido no se ve cómo podría estar a la vez arrellanado. Lo que sí se ve, y con meridiana claridad, es que este célebre traductor tiene un problema con la descripción de las posturas del cuerpo.

«La joven susurró a gritos que la ayudase.»

Lo mismo que no se puede gritar en silencio, tampoco se puede susurrar a gritos. Y he aquí una variación más bien redundante:

«—No grites, por favor —susurró en voz baja».

Y para terminar:

«Nadaba en deudas».

Aquí la contradicción es pura y sin mezcla. O se «nada en la abundancia» o uno «se ahoga en deudas».

4

¿Hay alguien ahí?
Fenómenos y acontecimientos paranormales

Uno de los efectos colaterales del neoespañol es que puede convertir en género de terror, esotérico o de fenómenos paranormales producciones literarias diversas que no pertenezcan a estas categorías.

Sucede de manera muy notable con la novela romántica —un tipo de ficción que, como de todos es sabido, se encuadra en realidad en el porno explícito—, pero lo hace también con otra clase de obras literarias, lo mismo que con libros de ensayo, reportajes periodísticos y alguna que otra noticia.

Las frases que se exponen a continuación en general no necesitan comentarios. Por otra parte, con lo que ya llevamos aprendido, lo más probable es que puedan vislumbrar en ellas alguna de las variedades incluidas en esta guía, pero al predominar sobre todo su carácter paranormal, así como contener toda una serie de acciones que quedan claramente fuera del alcance de las habilidades humanas, he optado por clasificarlas bajo el epígrafe que da nombre a este capítulo.

Veamos algunos ejemplos.

«Arrugó la carta con la cara.»

«Su mirada me irisa la piel.»

«Irisar»: «Dicho de un cuerpo: presentar fajas variadas o reflejos de luz, con colores semejantes a los del arco iris», nos informa el *DRAE*.

«Inhaló con los ojos y sonrió.»

«Oteó con el pie hasta dar con la trampilla.»

«Otear» es lo mismo que «escudriñar», una observación minuciosa que suele hacerse con la vista.

«Su mirada le producía un cosquilleo en el vello corporal y se lo endurecía hasta convertirlo en afiladas agujas de hielo.»

«Vio un extraño guiño en la comisura de sus labios.»
Recordemos que «guiñar» es la acción de cerrar un ojo.

«Sintió su lengua entre las costuras que formaban sus labios.»

Hay que decir que no se trata de un libro sobre la criatura del doctor Frankenstein ni similares. Es decir, seres hechos con pedazos de personas.

«Vio que tenía las muñecas amordazadas.»

Esta frase está incluida aquí no por la rareza del verbo escogido, sino por el hecho de que el sujeto tuviera bocas en las muñecas.

«El gemido de ella hizo que el miembro de él rugiese con un espasmo brutal.»

Ésta en cambio ilustra bastante bien la fácil transformación de cualquier texto en otro propio de novela de terror.

«Le acunó el rostro por la nuca y dijo:»

Otra oración similar a la anterior sería:

«Le sujetó la cara por la nuca».

Algo que claramente no se podría hacer con un humano.

Hay por otra parte frases y expresiones en las que a los sujetos les suceden cosas extraordinarias, como:

«Le destellaron las ventanas de la nariz al percibir su olor».

«De repente se me iluminó la cabeza y caí en la cuenta de lo que me decía.»

«Sus puños chirrían mientras él me contempla sin parpadear.»

«Sus manos se solidifican en mis mejillas.»

En un momento dado me había planteado llevar todas éstas a la subsección circense, pero dado que este tipo de acciones sobrepasan las habilidades humanas, he optado finalmente por dejarlas aquí. Igual que:

«Tenía las manos unidas y con un pulgar se palmoteaba el otro».

«Palmotear» es golpear una con otra las palmas de las manos.

«Le dio la espalda con la vista.»

Esta frase es mi preferida de todo el capítulo. Por la finura y sutileza que requiere el gesto de dar la espalda de este modo.

«Presionó los labios en su ceja, hundiéndolos en su mejilla.»

«Miró su rostro desgarrado por las lágrimas.»
El mérito está en que las lágrimas no eran de ácido.

«Sus manos le acariciaban los músculos y los huesos con suavidad.»

«Lo sujetó de los pómulos con fuerza, obligándolo a detenerse.»

«Abrazo mis dedos entre los suyos.»

«Su voz ronca se le metió en la espalda y ahí la llevó todo el día.»

Como ven, las frases de esta modalidad caen siempre en la esfera de lo preternatural, un campo en el que rigen los mismos criterios neoespañoles que para la percepción no extrasensorial, y con el cuerpo humano asimismo como uno de los principales campos de actuación. Por ejemplo los ojos:

«Los ojos de él se le escurrieron por el mechón de pelo que le caía sobre la frente».

«Había un fruncimiento de cejo tras sus ojos.»

«Empequeñeció los ojos hasta convertirlos en un punto.»

Y sin dejar la geometría:

«Vio que sus ojos se convertían de repente en una línea de enfado».

«La luz de su mirada desaparecía y volvía a aparecer cuando ella sostenía sus ojos abiertos.»

La broma fácil en español sería decir que esta persona tal vez podría haber buscado trabajo como faro en cualquier costa.

«Al darse la vuelta, sus ojos se rozaron con los de él.»

Aquí se dan dos características neoespañolas: desaparición de la palabra «mirada» sustituida por «ojos», y permuta del verbo «cruzarse» por «rozarse». La confluencia de ambas es lo que la convierte en frase «¿Hay alguien ahí?».

«El desconocido colocó los ojos en lo alto de la cabeza de ella y los fue bajando hasta sus pies.»

«Al contemplarla, se encontró con una mirada arqueada y gélida.»

«Sus ojos ruedan por encima de cada curva de mi cuerpo.»

«Sus ojos tintinearon.»

«Mientras leía, los ojos se le movían hacia delante y hacia atrás de la cabeza.»

Y tampoco podía faltar la palabra desaparecida, «mirada», que de repente recupera un lugar en neoespañol que nunca le correspondería en español:

«Se encontró ante unas grandes miradas que la observaban sin parpadear».

Pero como ya se ha mencionado, el fenómeno —nunca mejor dicho— afecta también a otras partes del cuerpo:

«La devoró con la lengua».

«Chasqueó un dedo para llamar al camarero.»

Una acción tan difícil de realizar con un solo dedo como, con una sola ceja, hacer lo que dice la frase siguiente:

«Arrugó una ceja».

Y este otro ejemplo más bien grimoso, y por el que pido disculpas:

«Sus musculosos bíceps le caían por encima de la cabeza».

«Besó la columna que conducía a su oreja.»

«Saboreó su piel con la palma de la mano.»

«Saborear» viene de «sabor», que es algo que sólo puede percibirse a través del sentido del «gusto», que reside en la boca.

«Le dio un vuelco el corazón y se le metió en la garganta, impidiéndole hablar.»

En esta frase esotérica ven que se ha recuperado la desaparecida «garganta», lo mismo que en:

«Intentó decir algo mordaz, pero la lengua se le había pegado a la garganta».

Igualmente, la también desaparecida «mejilla» —les recuerdo, la «parte lateral del rostro» en neoespañol— parece haber encontrado su lugar en la paranormalidad:

«El corazón me latía frenéticamente en las mejillas».

«Nunca había estado tan cerca de verter lágrimas por las mejillas.»

«Sonrío con una lágrima brotándome de la mejilla.»

Pero las lágrimas no sólo brotan de las mejillas.

«De mi pecho brotaron lágrimas que emborronaron su figura.»

Y algo parecido sucede con otro desaparecido: «sonreír».

«Lo oigo sonreír.»

Convendrán conmigo en que oír una sonrisa es una proeza que parece al alcance sólo de un oído de percepción sobrehumana.

«Dijo la joven, con una sonrisa que mostraba algunos nervios en los bordes.»
Tal vez se refiera a lo que en español es «una sonrisa nerviosa».

A veces se da también, inesperadamente, la aparición de dos palabras proscritas juntas, como en:

«Sonrió por las mejillas».

Aunque todas las acciones descritas sean bastante chocantes interpretadas en lengua española, hay algunas formulaciones que suponen más bien una habilidad extraordinaria que algo puramente parapsicológico. Constituirían lo que antes he llamado la subvariedad circense:

«El clímax de ella lo envió a él girando por el techo de la habitación hasta alcanzar el cielo».

«Transita sobre sus nudillos por mi espalda haciéndome estremecer.»

Quiero aclarar que ninguna de estas frases se refieren a relaciones entre acróbatas, contorsionistas o similares.

«Él la hizo volverse en la cama de modo que yaciera cabeza abajo y le acarició la espalda.»

«Se enroscó alrededor de su cuello y lo besó.»

«Ese hombre hablaba por la nariz.»
La traducción en español sería que el hombre «tenía una voz nasal».

«Atrapó los labios de ella y la levantó del suelo con un beso.»
Caramba, eso sí es poderío.

«Al cabo de un momento subió por la puerta, ansioso de verla.»

«Tenían la boca entrelazada en un beso.»

Pero dejando aparte la admiración que puedan provocar estas hazañas y capacidades, en ocasiones lo que se formula roza lo truculento, como en:

«Cada vez más jóvenes se quedan en casa viviendo de las costillas de los padres».
Como se nos informó en un flash económico televisado.

«Metió la pata hasta la médula.»

«—Sí, te amaré siempre —le digo, extrayendo un trozo de su labio de entre mis dientes.»

«Le tomó el pie entre las manos y le alisó suavemente los huesos.»

Y, para terminar, tres ejemplos de una submodalidad que podríamos considerar *Papilla mental* zoológica. Primero:

«Las gaviotas aullaban sobre sus cabezas».

He distinguido este caso por un particular miedo personal a las gaviotas, incluso a las no aulladoras, pero es muy corriente que en neoespañol las voces de animales se mezclen.

Dentro de los parámetros de la lengua, se puede decir con toda propiedad que, por ejemplo, los pollitos cloquean, las ranas graznan, los lobos gritan o los elefantes rugen. De hecho, y como siempre, pueden usar lo primero que en ese momento se les ocurra.

Y lo mismo para las moradas de animales, que en español suelen tener nombres diferenciados, como «nido», «madriguera», «ratonera», «osera», «cubil», etc., pero no así en aproximado, como se ve en los dos ejemplos restantes:

«Encontró un panal de tejones».

«Ningún pájaro se atrevía a salir de su madriguera.»

5

Desapariciones

En español aproximado hay palabras y expresiones que desaparecen prácticamente sin dejar rastro. No hay entre ellas ningún denominador común distinguible y tanto sucede con verbos como con sustantivos, adverbios u otros.

La causa de este fenómeno sigue siendo un misterio, de ahí que se incluya en este apartado. Es sin embargo una de las variedades fundamentales de la neolengua.

Empecemos con uno de los primeros vocablos en dejar de existir, en este caso un verbo: «acercarse».

Ahora ya ha pasado tiempo suficiente como para poder confirmar que la desaparición se ha consolidado y que, en la actualidad, casi nadie se «acerca» a nada. En lugar de ello, se «llega a», o se «va hasta», o se «viene a» o «hasta tal sitio».

«Se llegó a su lado.»

«Atravesó la habitación para llegar a la mesa.»

«Vino hasta mí y dijo:»

Pero el reemplazo con diferencia más usado de «acercarse» es, siguiendo la firme tendencia hiperbolizante del neoespañol, la locución «eliminar la distancia que los/nos separa».

«Eliminó la distancia que lo separaba de ella y la besó.»

«Le dio la mano para eliminar juntos los pocos pasos que los separaban de la puerta.»

Existe alguna otra forma, pero menos exitosa, como por ejemplo:

«Condujo su boca a su mejilla y le dio un beso».

O, con un verbo más propiamente neoespañol, es decir, el que nunca se habría usado en español:

«Me arrimo a él, ahogando la distancia que nos separa».

O bien:

«El hombre cruzó unos pasos hasta alcanzar la silla».

Encontramos también desaparecidos dos verbos contrarios que han muerto juntos, igual como han vivido, y que son «meter» y «sacar», sustituidos respectivamente por «introducir» y «extraer». Que no es que estos últimos no se usen en español, pero no sólo y exclusivamente, ni en los mismos contextos que en neoespañol. De hecho, en esta última lengua se emplean hasta tal punto que estoy casi segura de que no les van a chocar nada.

«Para disimular, se introdujo las manos en los bolsillos y silbó.»

«No quiero introducir las narices en eso.»

«La gente no tenía paciencia mientras esperaba introducirse en el edificio.»
Aquí en el sentido de «entrar».

«Se extrajo la cartera del bolsillo de la chaqueta.»

«Extrajo un penique del monedero.»

O, juntando el verbo sustituto con una redundancia (como ya se sabe, recurso corriente en el idioma):

«Se extrae los pantalones por los pies».

Excepción hecha de los pantalones con velcro de los *strippers*, todos los pantalones se quitan por los pies.

«Subir» también se ha ido, sustituido por «ascender», así como «bajar» por «descender».

«Se recogió la falda y ascendió a su dormitorio, situado en el ala oeste del castillo.»

Como aclaración, diré que el ejemplo proviene de un relato corto ambientado en la actualidad, no de una novela de fantasmas.

«Se quitó los zapatos y se descendió la falda.»

«Levantar» es otro de los verbos casi borrados del mapa. Quizá porque (es sólo una teoría aproximativa, pero la menciono por si puede ser de utilidad), como tantas otras palabras inocuas, tenga algún significado obsceno desconocido por los hispanohablantes españoles.

Tal vez eso justificaría que nada se «levante» y en cambio todo se «alce».

No es que «alzar» tenga nada de malo en español, lo que extraña una vez más es que sólo se recurra a este verbo en todas las circunstancias.

«¡Alza las manos!», podrán oír en infinidad de series y películas, nacionales y dobladas. Tradicionalmente, la frase era «¡Arriba las manos!», y en una etapa de neoespañol anterior a la actual, existía también: «¡Levanta las manos!». Pero hace ya tiempo que ninguna de las dos fórmulas se usa.

Aunque «alzar» no es el único reemplazo de «levantar» o «levantarse». Por ejemplo, en relación con la cama, una silla o un sillón, las sustituciones más comunes son «desplegar» o «salir»:

«El hombre desplegó su estructura desde la silla».

«El paciente dejó la revista, salió del sofá y se dirigió a la puerta de la consulta.»

Y aún:

«El abogado se alzó de su posición sentada en la biblioteca y vino a mi encuentro».

Otro caso de inexistencia forzada es el del verbo «irse» o «marcharse», ambos a priori bastante neutros, pero que el aproximado prefiere no utilizar. Los dos han sido absorbidos por el casi omnipresente «salir», aunque en español éste sólo signifique «pasar de dentro a fuera», o «desplazarse de un sitio a otro», como por ejemplo, «Salió para Inglaterra».

Sin embargo, veamos su uso en neoespañol:

«Le dijo adiós bajo uno de los árboles y salió, dejándola sola bajo las estrellas».

Esto se dice de una pareja que está en medio de un bosque.

«Se levantó de un salto del porche y salió apresurado a su habitación.»

En este caso no sale *de* su habitación, sino *a* su habitación, algo que en español no sería posible.

Pero pese a sus muchos servicios prestados, también a «salir» le toca a veces ser eliminado para cederle el puesto a «entrar». Esto es así sobre todo cuando en la frase está presente la palabra «asombro».

«Elena no entraba en su asombro al ver eso.»

«Se miran atónitos, sin entrar en su asombro.»

En español, tanto Elena como los que se miran atónitos, lo que harían sería «no salir de su asombro».

«Contar», «explicar» o incluso «estar de acuerdo», como ya se ha apuntado en la Introducción, han sido canjeados con éxito aplastante por el igualador «compartir».

Sólo a título de recordatorio:

«Los liberados compartirán con nosotros cómo ha sido su cautiverio».

«El astrónomo señor Tal compartirá con los espectadores en qué va a consistir el eclipse de sol.»

«Los portavoces sindicales aceptan el resultado de la negociación, pero no lo comparten.»

Una eliminación más que notable es la del verbo «recorrer», o sea, «Atravesar un espacio *en toda su extensión o longitud*», según el *DRAE*. Las cursivas son mías.

«Recorrer» un pasillo, una galería, un sendero, etc., cede su puesto a «cruzar», que no es sinónimo en absoluto («Atravesar un camino, un campo, una calle, etc., *pasando de una parte a otra*», según el mismo *DRAE*), pero que se usa en lugar del otro con tanta abundancia y frecuencia que en la práctica lo ha borrado del mapa.

«Cruzó el sendero de rosales, mientras se iba parando aquí y allá a oler las flores.»

«Cruzaron la carretera durante kilómetros, hasta llegar al lago.»

«No quería pensar en él cruzando aquel pasillo lleno de habitaciones y pasando ante las puertas de aquellos hombres.»

Son conocidas las connotaciones que al pobre verbo «coger» se le atribuyen en los países de Latinoamérica, cuyos hablantes nunca lo usan. En España es en cambio una palabra neutra, sin ningún significado más que el suyo propio, pero también aquí, sea por contaminación o debido a la importante presencia de latinoamericanos en los sectores de la información y la cultura en general, se ha ido evaporando, sustituido por sus viejos reservas «agarrar», «asir» o «tomar». Sobre todo por el primero, lo que, dicho sea de paso, da lugar a cosas un poco chuscas e incluso conceptualmente contradictorias, como:

«Agarró una rosa con delicadeza».

Pero ese extendido rechazo ha ido derivando hacia otras formas más variopintas de sustitución.

He aquí algunos ejemplos:

«¿Has contraído afecto por él?».
En español: «¿Le has cogido (o tomado) afecto?».

«Ahuecó la cara de ella entre sus manos y le acarició el labio inferior con el pulgar.»

El «ahuecó» quizá se deba a que las manos que enmarcan una cara se ahuecan un poco para adaptarse a la forma de ésta, aunque en esta ocasión lo que dice la frase que se «ahueca» es la propia cara y no las manos.

Sea como sea, y aunque comprensible sólo a medias para una mentalidad formada en lengua española, siempre es mejor esta expresión que la muy ruda:

«Le agarró la cara con las manos».

Otros ejemplos más raros pero no infrecuentes serían:

«Con un repentino arranque, me ata a su mano y me lleva con él rumbo a la escalera».

Para no decir que la o lo «cogió de la mano».

«Adquiere su iPhone de encima de la cama y marca un número.»

«Adquirir» en español significa «comprar, ganar o conseguir». También quiere decir «coger», pero no en el sentido físico de asir algo, sino más bien de hacerse con un elemento intangible, como en «Adquirió experiencia».

«Un grupo de hombres dados de las manos miraban el cielo.»

«—He pensado que no le importaría que, mientras usted no estaba, arrebatara una magdalena de la bandeja —le dijo la joven dama a su anciana anfitriona.»

«Coger» se reemplaza también a veces por «aceptar», lo que puede suponer alguna dificultad de comprensión por lo absurdo de la circunstancia resultante, como en:

«Tom le tendió el libro a Lidia y ella lo aceptó.

»—No puedo aceptarlo —le dijo categórica—. Es un ejemplar muy valioso».

Según esto, parece que la joven no se aclare. Pero el ejemplo, que proviene de una novela inglesa, en su lengua original dice que Lidia «cogió» el libro para mirarlo cuando Tom se lo dio. No obstante, a continuación le aclaró que no podía «aceptarlo» como regalo.

No es sólo que con esta obsesión esquivadora se transmitan mensajes confusos, sino que además se eliminan muchos matices de la comunicación. Algo que en el contexto de esta guía por supuesto no se va a criticar, dado que el hecho se inscribe de lleno en la esencia misma del español aproximado.

Cuando hay que «cogerse del brazo» de alguien, se llevan a cabo verdaderas filigranas con tal de evitar usar el verbo condenado.

«Tras estas palabras, se encaramó en el brazo de él y partieron juntos.»

Se dice por ejemplo, absurda y cómicamente, puesto que los sujetos son hombre y mujer, no hombre y mono u hombre y loro. Aunque es más habitual ver:

«Introdujo la mano en el hueco de su codo doblado».

Pero la supuesta obscenidad de algunas palabras o expresiones no acaba aquí, y al parecer «cabo» tiene asimismo algún sucio sentido, a juzgar por las muchas veces que la expresión «al cabo» brilla por su ausencia.

Por ejemplo, la frase «Al cabo de un momento, dijo:» en esta neomodalidad evitadora observarán que es siempre sin excepciones:

«Pasó un momento, luego dijo:».

«Negar con la cabeza», pese a ser un gesto todavía vigente —hablar en otro idioma no siempre cambia el lenguaje gestual—, ha perdido mucha presencia en favor de expresiones antieconómicas como son «mover la cabeza a un lado y a otro» o de «lado a lado».

O también por una mucho más reciente:

«Sacudir la cabeza».

Ésta no con el significado de seguir el ritmo de una música, sacudirse una idea o expresar incredulidad. Probablemente la sustitución provenga del inglés «to shake», «to shake one's head», más concretamente, que en este idioma quiere decir ambas cosas.

«Negar con la cabeza» se reemplaza asimismo a veces por el verbo «zarandear»:

«La chica zarandea la cabeza con vehemencia y se marcha llorando».

La chica de la frase ha sido acusada injustamente de haber robado un collar de su señora y acaba de ser interrogada al respecto.

Este verbo suplente puede provocar sin embargo una cierta confusión en el todavía castellanohablante, puesto que «zarandear» es «coger a alguien por los hombros o los brazos y moverlo con violencia».

Las soluciones para «asentir con la cabeza», también eliminado del neoespañol, van más por el lado de la Antieconomía:

«Movió la cabeza según la vertical para decir que sí».

O bien:

«La chica hizo un movimiento de cabeza de modo afirmativo».

«Cuyo», por su parte, se borra de todas las frases, excepto —ah, ese constante recurso del neoaproximado— de donde no corresponde, como en la expresión «en cuyo caso», incorrecta según la Real Academia, pero usada con fruición en todos los medios hablados y escritos, incluida la propia Gramática de esa institución.

Pero esta es una eliminación que casi se puede comprender, teniendo en cuenta la querencia del nuevo idioma por las frases largas y a poder ser enrevesadas, porque la función de «cuyo», que existe además en todas las lenguas romances, es justamente evitar alargar la oración.

Veamos un ejemplo:

Lo que en español con ese pronombre sería: «Llevaba un abrigo negro, en cuya (o de cuya) solapa se había prendido un alfiler de plata», en neoespañol se formularía en cambio:

«Llevaba un abrigo negro y en la solapa de este último se había prendido un alfiler de plata».

Y estos otros:

«Dormiríamos en aquella casa mágica, en la cual entre esas paredes nunca habíamos discutido».

Con «cuyo», la frase habría sido: «Dormiríamos en aquella casa mágica, entre cuyas paredes nunca habíamos discutido».

«Miró al hombre, la cara del cual había sufrido un corte.»
En castellano: «Miró al hombre, cuya cara había sufrido un corte».

Del español aproximado desaparecen asimismo la gran mayoría de pronombres personales de todo tipo.

Se eliminan siempre, incluso a costa de la inteligibilidad de la frase, algo que a estas alturas ya sabemos que es bastante accesorio en esta lengua.

«El joven se afianzó sobre las piernas y tapó los oídos para no enterarse.»
Sus propios oídos, cabe aclarar.

«El corazón de Gloria aceleró.»
Por sí mismo por lo visto y como si fuera un coche.

En cambio, siguiendo la pauta básica del idioma, lo que se ha quitado de ambas frases, en este caso el pronombre «se», se pone donde no toca, como por ejemplo en:

«No parece que la tormenta se vaya a amainar».

«Estaba a punto de tomarse un baño caliente.»
Con lo que parece que ese baño se lo fuera a tomar como quien se toma una sopa.

Por otra parte, las narraciones sin pronombres se vuelven cansinas, pues requieren la constante repetición de los nombres, o bien el recurso constante a las formas «él, ella, ellos, ellas».

«Ana fue hacia Pedro y pidió a Pedro que la llevase en coche.»

Una frase que en castellano se hubiese solventado con: «Ana fue hacia Pedro (o más bien «se acercó a Pedro») y le pidió que la llevase en coche».

«—¿Qué quieres? —preguntó ella.

»—Quiero todo.»

Pero su ausencia es sistemática con el verbo «quedar», que sin el pronombre significa «tener una cita» o bien «ponerse de acuerdo en algo».

«Muchos lectores de sir Walter Scott quedaron sin su ejemplar», reseña un periodista.

«En medio del examen, quedó en blanco.»

O más confuso:

«No puedo quedar sola».

«Reconocer» se sustituye siempre por «confesar», sobre todo cuando no son equivalentes.

«Los vecinos han confesado que no han podido dormir en toda la noche por culpa del ruido.»

«Te confieso que tienes razón.»

Por su parte, «beber» ha sido suplido definitivamente por «sorber», pese a que este último verbo consista en beber aspirando, es decir, algo de no demasiada buena educación.

«Al bar acudía más gente que nunca a sorber cerveza y charlar con los amigos.»

Lo que sin duda haría del lugar un espacio particularmente ruidoso.

«La delicada patinadora sorbió el chocolate caliente que le ofrecieron.»

«El rey sorbió una infusión de flores rojas.»

Esta tendencia a «sorber» es arrolladora y alcanza incluso a otras acciones en las que físicamente parece imposible de llevar a cabo, como en:

«Voy a sorber unos cereales y luego me acuesto».

A la desaparición de «beber» le ha seguido asimismo la de las palabras «bebida», «refresco», «copa» y similares, relevadas por la polivalente «trago», lo que suele dar lugar a frases semiincomprensibles para un castellanohablante, como:

«Bebió un sorbo de su trago».

«El camarero le llenó el trago de nuevo.»

«Dejó su trago en la mesa.»

«Tender» en el sentido de acercarle algo a alguien, en aproximado es en todas las ocasiones «extender», igual que «alargar» con el significado de alcanzarle algo a una persona.

«Le extendió su plato reclamando más comida.»

«El hombre extendió su mano para abrir la puerta.»

Este uso recuerda un poco los dibujos animados franceses del Inspector Gadget, un extraño hombre biónico cuyo cuerpo podía desplegarse y replegarse a voluntad. Así, cuando necesitaba alcanzar algo que estuviese demasiado alto, le ordenaba a su brazo artificial: «¡Adelante, gadgetobrazo!», y el brazo se extendía —aquí sí— hasta donde fuera. O «¡Adelante, gadgetocuello!», si, pongamos por caso, quería una panorámica general de la ciudad por encima de los tejados.

«Se adelantó, extendiendo la pistola.»
Una pistola que, es pertinente aclararlo, no es plegable ni extensible.

«Le extendió la cesta llena de fruta.»
La cesta tampoco es plegable ni extensible.

Un verbo desaparecido sólo a medias es «tamborilear».
Por una parte es sustituido a menudo por «martillear»:

«Martilleó con los dedos en el volante, mientras esperaba en el semáforo».

Algo que sólo se podría hacer si se llevara encima un martillo.
Y por otra se sigue usando en su forma original, «tamborilear», aunque la acción ya no se realiza con los dedos, sino que

se «tamborilean» los dedos mismos, o bien alguna otra cosa. Por ejemplo:

«Tamborileó los dedos mientras esperaba».

«Tamborileó la mesa del despacho.»

«Fernando se tamborileó los muslos.»

Hay también unas pocas palabras que no son verbos, pero que dentro del neoespañol han seguido el mismo camino que éstos hacia la nada, quizá de manera incluso más radical.

Una de ellas es «cara» (desaparición a la que se ha aludido antes someramente), la parte anterior de la cabeza de personas y animales, que, en el caso de las primeras, pero no es descartable que pronto también de los segundos, se ha convertido única y exclusivamente en «rostro».

Las dos palabras significan lo mismo, pero una vez más nos encontramos con el elemento decisivo de la cantidad; la diferencia que existe entre utilizar a veces un recurso o bien tenerlo como exclusivo. Y también el uso.

Según este último —el uso, eso que un hablante sabe sin vacilación de su propia lengua y a un extranjero tanto le cuesta captar—, «rostro», como «faz», se solía emplear en frases algo más poéticas que descriptivas, como «visage» en vez de «face» en francés o «viso» o «volto» en lugar de «faccia» en italiano.

Se decía más bien «Lo miró a la cara», «Tenía la cara sucia» o «Se dio un golpe en la cara», que «Lo miró al rostro», «Tenía el rostro sucio» o «Se dio un golpe en el rostro».

Quede aquí constancia de que esto ha cambiado y que «rostro» en el omnipresente aproximado las engloba a las dos.

Y para quienes no se queden convencidos, pueden hacer como el autor de la frase que sigue y usarlas ambas:

«Se limpió la cara y el rostro con una esponja».

«Sin» también se esfuma. Esta preposición que indica carencia, en neoespañol se convierte en «ausente de».

«Vio sus orejas ausentes de pendientes y pensó comprarle unos.»

«Unos bailaban y otros daban palmas, mientras las manos de ella, ausentes de castañuelas, se movían con gracia.»

«Se sentía ausente de fuerza para seguir combatiendo.»

«Enésima», igual que pasa con los artículos indeterminados, es algo que para la mentalidad neoespañola por lo visto resulta inconcebible, por lo que se elimina y sustituye por un vocablo que represente un número contable. Es una simple palabra y a menudo la suplencia pasa inadvertida, pero si se fijan verán lo frecuente que es.

«Te he dicho por décima vez que no lo quiero.»

«Es la centésima vez que vengo a verte.»

240

Pero no sólo se han borrado verbos y palabras, también frases enteras.

La estrella de las mismas es sin ninguna duda «No pasa nada». Se ha mencionado muy escuetamente en el capítulo «Combinatoria» y por eso empezaré por ella.

Como se dice allí, en culturas muy influidas por el inglés la forma negativa del español —que une dos negaciones, en la frase anterior «no» y «nada»— es casi imposible de comprender conceptualmente. Por tanto, se procura sustituir una de las dos inexistencias por una existencia.

De este modo, «No pasa nada» se convierte por ejemplo en «Pasa algo». O «No dijo nada» en «No dijo palabra» o «Sin emitir palabra».

«Sin emitir palabra nos señaló la puerta.»

O también las formas:

«Lo amaba más que a cualquier cosa».

«No puedo hacer cosa alguna para evitarlo.»

Porque «No puedo hacer ninguna cosa para evitarlo» —en realidad tendría que ser «No puedo hacer nada para evitarlo»— también debe soslayarse, debido a ese «ninguna» que es asimismo negación.

Y una muestra más. Un recurso igualmente muy generalizado consiste en comerse el trozo de frase que veamos que nos resulta conflictivo:

«Estaba preocupada. No entendía».

Para no decir «No entendía nada».

También «nadie» suele verse afectado por las mismas dudas que «nada». De este modo, «No había nadie» se transforma casi siempre en: «No había alguien» o «Había nadie».

Y frases más largas y elaboradas se solventan de maneras similares:

«En circunstancias parecidas, alguien habría hecho algo por él».

En vez de «Nadie habría hecho nada por él», con lo que se cambia totalmente el sentido de la oración.

Por su parte, «Fue mejor de lo nadie podría imaginar», se convierte a su vez en:

«Fue mejor de lo que alguien podía imaginar».

Una expresión totalmente desconocida para muchos profesionales de la lengua es «Poner los ojos en blanco», un gesto que sirve para expresar cierta resignación, a veces jocosa. Bueno, al parecer expresa eso para todo el mundo excepto para la Real Academia, en cuyo diccionario se explica como «manifestación de gran admiración o asombro». O sea, lo que los no académicos diríamos «Abrir desmesuradamente (o desorbitar) los ojos».

Cuando los neohablantes se encuentran ante la necesidad de explicar el gesto en su sentido primero, procuran eludir la frase hecha castellana y describen toda la acción, haciendo que, por ejemplo, los ojos «se alcen» o se «lleven al cielo» o bien «al techo».

Y si alguna vez se conserva la locución en español, se le añade un matiz redundante que pone de manifiesto que sigue sin entenderse. Por ejemplo en:

«Puso los ojos en blanco hacia el cielo».

Otra eliminación llevada a cabo por el neoespañol, en este caso de concepto, aunque sobre todo denota cierta deficiente educación, es el orden de precedencia en las frases. Éste, en castellano siempre se le deja al otro, al que no es «yo».

Quien más quien menos recordará que de pequeño alguna vez le han tenido que corregir una expresión como «Yo y mi amigo vamos a jugar», haciéndole poner delante al amigo: «Mi amigo y yo vamos a jugar».

Pero en el nuevo idioma esta es una batalla perdida.

«Yo y Alejandro nos vamos» es una fórmula que se lee o se oye continuamente, con sus correspondientes variaciones, en todas partes.

Igual que:

«¿No quieres acompañarnos a mí y a Jorge?».

«No es de extrañar» también ha hecho mutis por el foro de repente, casi literalmente de un día para otro.

243

No hay un solo comentarista, locutor ni periodista que no la haya sustituido por una de estas dos expresiones neoespañolas: «No es de sorprender» o «No es de asombrar».

«No era de asombrar que lo hubiese rechazado.»

«No era de sorprender que no quisiera salir sola.»

Por último, «Hacer ademán», que significa indicar con algún gesto físico que se tiene intención de hacer algo, en idioma aproximado se transforma directamente en: «Hacer intención».

«Ninguno de los dos hizo intención de encender la luz.»

«Primero hizo intención de marcharse, pero finalmente se quedó.»

«No has hecho intención de decirme ni una palabra.»

Epílogo

Hasta aquí la crónica de cómo el idioma español desaparece ante nuestros ojos y oídos o se transforma hasta convertirse en irreconocible.

Como ya se ha dicho, no hay que mesarse los cabellos por ello, pues todas las lenguas cambian. Pero como también se ha dicho en la Introducción, hay factores que caracterizan y hacen esta evolución distinta de otras, y uno de los principales es la rapidez con que se está produciendo el fenómeno.

Pero no es sólo la celeridad la que mantiene en marcha el proceso. Hay otro agente incluso más básico, que es la falta de dominio, de apropiación, que el hablante tiene de su propia lengua materna. (Materna o segunda lengua aquí da igual. En este país quienes hablan cotidianamente una distinta del castellano son completamente bilingües.)

Una gran mayoría de gente nacida en España no está segura de cómo se dicen las cosas en español. Los elementos que conforman este idioma, así como la comprensión que el hablante tiene de los mismos, no están fijados, no se asientan sobre una base sólida, por lo que, ya no un vendaval, incluso la más leve brisa puede llevárselos por delante y dejar en su lugar otra cosa. O nada.

Por otra parte, en el caso de esta nueva lengua el cambio no comporta un enriquecimiento, más bien al contrario. Los recursos verbales se van volviendo cada vez más limitados y miméticos. Y no se olvide que en estas páginas en ningún momento se ha hablado de la gente en su ámbito privado, sino de quienes se podría decir que son referentes lingüísticos y a menudo también culturales, personas que tienen el lenguaje como herramienta básica de su tarea pública cotidiana.

Antes de ahora, la «corrupción» del idioma se producía sobre todo desde abajo, a partir de las palabras que el pueblo llano, que no sabía leer ni escribir, interpretaba tras oírlas y comprenderlas a su manera, y que repetía como Dios le daba a entender.

Pero ahora, y este es otro de los factores diferenciales respecto a otras evoluciones de las lenguas, el fenómeno se está dando a la inversa.

El proceso de implosión se ha iniciado y se mantiene desde arriba, entre la gente teóricamente cultivada. Y si no cultivada —cultivarse requiere voluntad, hay que querer hacerlo y poner los medios para ello—, por lo menos con una base formativa amplia, como mínimo en lo que respecta al tiempo que han destinado a sus estudios.

Durante años, todas esas personas han estado inmersas en cultura. Por un lado recibían conocimientos de manera reglada, y por otro contaban con el privilegiado acceso a aquélla garantizado por el mero hecho de poseer una base consistente de conocimientos.

Porque el saber conlleva saber. Cuantos más elementos se

tienen para interpretar el mundo, mejor lo entendemos todo, incluidos nuestros propios mecanismos internos; se podría decir que nos hacemos más inteligentes.

Es por tanto asombroso que en los estratos medios o elevados, formativamente hablando, haya tantos ignorantes.

Pero sea como sea, no es este el momento ni el lugar para elucubrar sobre la resistencia a la cultura de gran parte de los estamentos cultos.

Sin embargo, en nuestro país esa impermeabilidad y desinterés e indiferencia, por lo menos en lo que respecta a la lengua propia, tienen que estar muy extendidos, porque sólo así se puede entender que esas clases superiores en cuanto a educación se hayan pasado tan en bloque al neoespañol con armas y bagajes.

Los motivos probablemente sean muchos, pero hay uno que a mi entender destaca por encima de todos en letras mayúsculas y con luces de neón, y es la calidad del sistema educativo español.

Durante el franquismo, la educación no era universal ni gratuita ni obligatoria y sólo accedía a ella quien se la podía pagar. No es de extrañar pues que el principal anhelo y reivindicación de una gran mayoría de gente en aquella época, y hasta después de muerto Franco, fuera el derecho a la enseñanza.

La cultura, aunque ahora parezca mentira, fue durante largos años no tan lejanos un bien limitado y escaso.

Y entonces se dio un paso de gigante: La Ley General de Educación de 1969... aunque un gigante con pies de barro.

Con ella, por primera vez se establecía que la educación

básica, es decir, hasta antes de empezar el Bachillerato Superior, para todo el mundo hasta los catorce años era obligatoria y gratuita (esa pata imprescindible).

Esta ley supuso un avance, pero no eliminó sin embargo las diferencias, porque sus pies de barro eran muy grandes, y de hecho se mantienen en el sistema educativo actual. Consistían sobre todo en dos cosas, una grave y la otra gravísima.

La grave era que de la obligatoriedad de la enseñanza, así como de la gratuidad de la misma, quedaban excluidos los niños menores de seis años, con lo que la educación básica se empezaba ya en desigualdad de condiciones.

Y la gravísima era que con la Ley se establecía la norma de que suspender materias no impedía pasar de curso, pudiéndose proseguir así toda la EGB con asignaturas pendientes.

Al final de la enseñanza, quien había aprobado todos los cursos recibía el título de Graduado Escolar, equivalente al anterior de Bachillerato Elemental, mientras que quien llegaba con asignaturas suspendidas obtenía el llamado Certificado Escolar, un documento que, como su nombre indica, certificaba que había pasado por los ocho cursos de la EGB, pero sin aprovechamiento, y, con su mera existencia, como una estrella de David cosida en la ropa, certificaba también que su propietario tenía cerradas las puertas de la enseñanza superior.

Se han estudiado mucho los efectos de este modelo educativo en la adquisición de conocimientos, pero incluso sin esos análisis todo el mundo puede ver por sí mismo, y enterarse a través de las noticias cada vez que se hace público un estudio o informe nacional o internacional sobre el tema, qué país tan pobre tenemos en cuanto a formación.

En todas partes pasa más o menos lo mismo, la crisis educativa es estructural, se puede argumentar. Pero en primer lugar, eso no es verdad, y en segundo, aunque lo fuera, los demás han carecido de un factor agravante con el que España sí ha contado: la burbuja inmobiliaria.

Se ha hablado de ella hasta la saciedad y no voy yo a añadir nada nuevo, sólo diré que ofreció una salida laboral al inmenso contingente de jóvenes que habían sido abandonados por el sistema educativo (y político), y también a muchos de los que estaban estudiando, que, pese a la obligatoriedad de la enseñanza, se marcharon en tropel de las aulas para lanzarse al sector de la construcción, o a los muchos otros sectores que el inmobiliario lleva a cuestas.

Se puede decir lo que se quiera sobre fracaso escolar, pero la realidad es que en España se pusieron todos los medios para que esos chicos fracasaran, menospreciaran el valor del conocimiento y se alejaran de todo lo que supusiera adquirirlo.

Y de esas lluvias vienen estos lodos. La burbuja estalló, pero la amplia falta de formación del país ha seguido aquí. Y sobre esta ignorancia básica y esencial se puede edificar cualquier otra. Igual que un nivel de educación en general paupérrimo hace que bajen todos los otros niveles que tiene por encima y por debajo. Incluido el de quienes transmiten el saber.

Y la lengua es una manifestación de esa pobreza, con el agravante de que seguramente es el elemento principal de que disponemos, porque a través de ella se transmite todo: lo que sabemos, quiénes somos y cómo entendemos el mundo.

Como se ha podido ver en esta guía, aunque la misma se presente en clave humorística, la ignorancia relacionada con el lenguaje es apabullante. Y a este penoso dominio de nuestra propia lengua, a nuestra miseria léxica, como ya se ha dicho contribuyen todos los estamentos que se han ido mencionando, es decir, todos los centros productores de cultura, sean públicos o privados.

Y entre ellos no queda de ningún modo al margen, sino más bien al contrario, el sector editorial.

A priori podría parecer que un lugar donde se hacen libros tiene que tener entre sus trabajadores a los mejores conocedores del idioma, porque esta es la base con la que llevan a cabo su tarea; a buenos técnicos editoriales, a traductores y correctores profesionales, a editores dedicados a explorar la producción inédita de los escritores, noveles o consagrados, y a escoger lo mejor y más interesante para ofrecérselo luego al lector.

Y sin duda debe de ser así en muchos casos, pero dado que las editoriales son parte integrante de la sociedad, se ven afectadas por lo mismo que afecta a ésta en todos los ámbitos. Y del mismo modo que los demás, se ven también perjudicadas por la mala situación económica general.

Como empresas privadas que son, no han recaído sobre ellas «recortes» obligatorios impuestos por la necesidad de controlar el presupuesto público, pero dada la coyuntura, han aprovechado para llevar a cabo también reducciones de personal y bajar los sueldos a los trabajadores que no han sido despedidos.

Sin ánimo de hacer demagogia, no se han rebajado los salarios de los directivos —esto no ha sucedido en ninguna parte, como se puede ver por estudios económicos publicados recientemente—, pero sí los de los puestos medios y bajos, así como las tarifas de los colaboradores externos —si es que hablar de tarifas bajas en este sector no es una redundancia—. Y no olvidemos que es uno de los que cuenta con mayor externalización.

Así pues, en el sector editorial, como en todos, se intenta reducir de todos lados, incluso de donde no se debería, como es en la calidad de los contenidos de lo que se publica.

Además, en parte por falta de tiempo y en parte por desidia de los editores responsables, muchas de las obras que luego se publican en papel o en soporte digital se pescan en internet, para luego aderezarlas como se puede y sacarlas al mercado tras pasar por diversas cirugías; productos ínfimos, aunque en ocasiones gocen de momentáneo éxito comercial.

La general falta de exigencia y los bajos salarios y tarifas tienen su repercusión asimismo en el trabajo de los traductores, que, salvo honrosas excepciones, son gente no profesional, cuya única razón para estar desempeñando esa tarea en muchas ocasiones es que son amigos de un editor.

Pero ¿qué pasa con las editoriales supuestamente buenas y que cuidan el libro, aquellas a las que no les da lo mismo hacer éstos que zapatillas de deporte, pongamos por caso?

Seguramente que la estructura falla, igual que sucede en las menos buenas y en las que se limitan a ser productoras de libros en cadena.

Los que ocupan los puestos de mayor responsabilidad editorial han tenido que abandonar determinadas funciones

—como por ejemplo el control del contenido de los libros—, absorbidos por la gestión diaria, la siempre creciente burocracia, las relaciones públicas y la desesperada búsqueda de autores exitosos.

La gran carga de tareas administrativas que ahora corresponde indebidamente a los editores se ve agravada además por la decisión de instancias superiores —en virtud de codiciosas reducciones de presupuesto, como se ha apuntado más arriba— de eliminar de la ecuación a los ayudantes de esos editores literarios, los así llamados editores júnior. De este modo, a la habitual carga de trabajo de aquéllos, ya incrementada por la supresión de parte de las plantillas, se añade la de esos ayudantes, ahora seguramente en paro.

Nota final dirigida a los Reales Académicos

Señores Académicos:

Están ustedes muy convencidos de que todos los hispano-hablantes manejamos con soltura el propio idioma y de que el diccionario de su institución, igual que otros, es un soporte apenas necesario, sólo para aclarar leves dudas gramaticales y filológicas de vez en cuando.

Supongo que esa es la causa de que cada vez lo vacíen más de descripciones y expresiones que ustedes, con la inconsciente ufanía del sapiente, dan por descontadas en el acervo común, sin darse cuenta de hasta qué punto, con sus «purgas» —comprensibles en una era de libros en soporte de papel por el coste que éstos conllevan, pero sin justificación en la era digital—, contribuyen a dejar sin puntos de referencia lingüísticos a una gran cantidad de gente.

Señores Académicos, no sean rácanos e inclúyanlo todo. Lúzcanse en su generosidad y vuelquen todo su saber en cada entrada y en otras publicaciones y actividades que vayan más allá de cubrir el expediente de sacar al mercado un diccionario que se renueva cada muchos años.

Esas actividades no tendrían por qué ser espectaculares, ni, en el caso de los textos de apoyo, mayores que un opúsculo (libro físico o digital) y podrían servir para orientarnos y aclarar nuestras muchas dudas respecto a una lengua que evoluciona a velocidad supersónica.

En definitiva, hagan su labor y arrojen luz sobre nuestros numerosos desconocimientos e ignorancias.

Tal vez con ello puedan salvar a muchos futuros neohablantes de su sino.